# FASHION ACTIVITY BOOK

## BOUTIQUE

### FOR GIRLS AGES 3-8

ZAGS PRESS

ZAGS
PRESS

# This Book Belongs to

----------

**COPYRIGHT©ZAGS PRESS ALL RIGHTS RESERVED.**

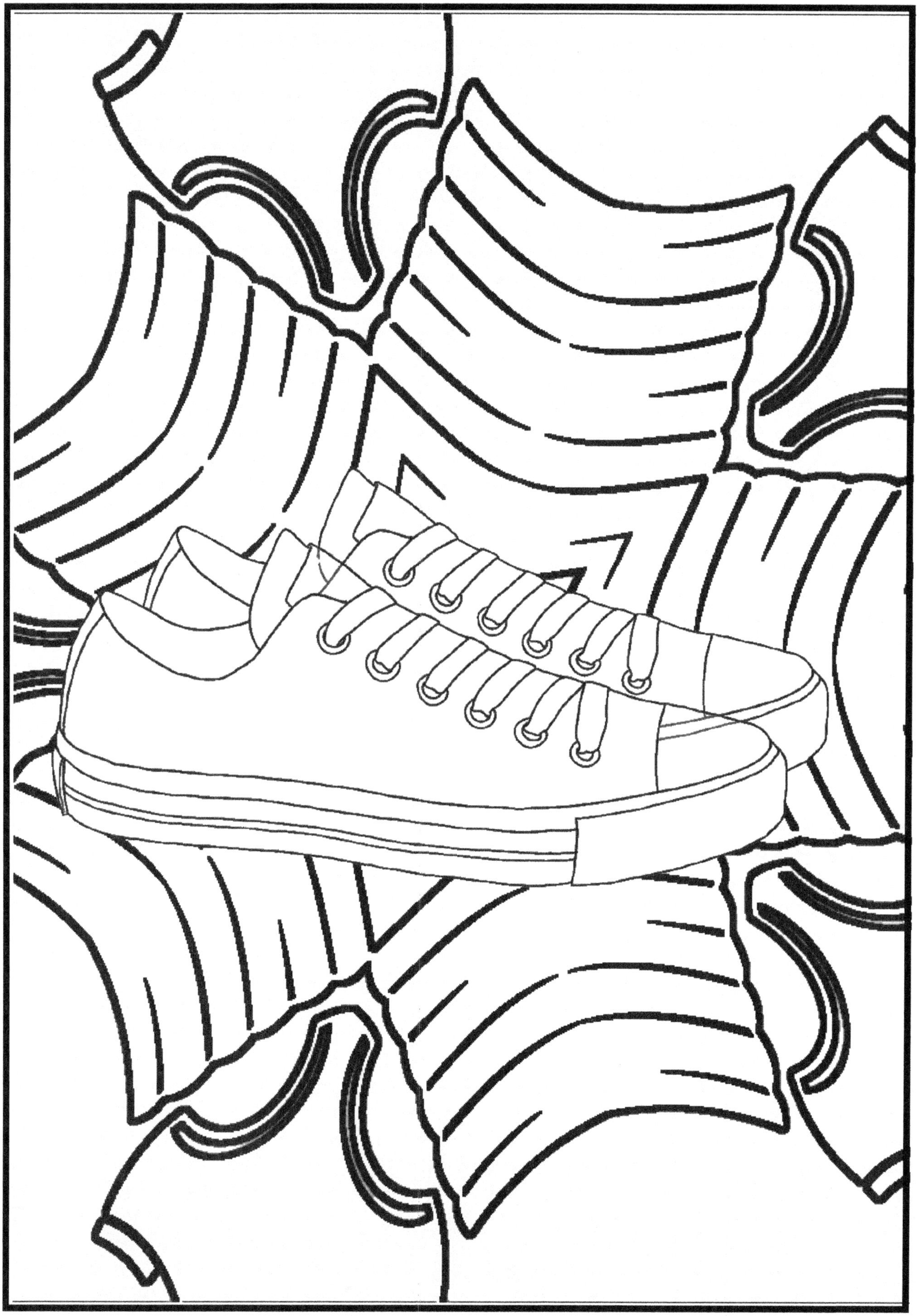

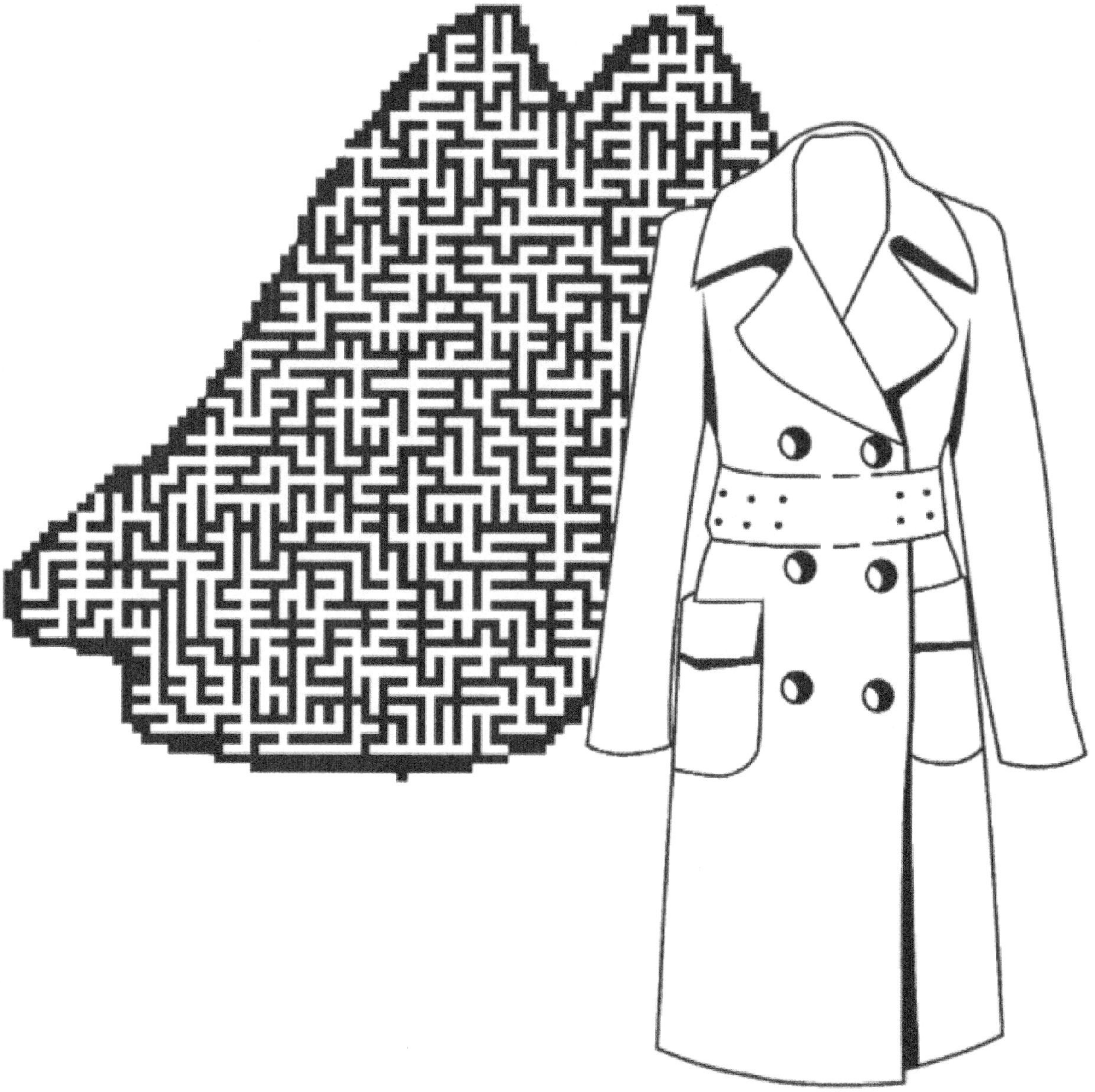

ZAGS
PRESS

```
Y G U W C Y Z B Q R J Y O O C K
H H N P R O L I A T N Y V W O C
A K V S K X C A P T R E N D U G
A N P V S I Y Y Z Y R L I Q T M
F A D T J D M X G E H P E B U K
N F F E L Y T S L N A R Z G R R
J J L J X G Y Y Z D U B U P E O
B X O H K R T D F T F C N W G V
R E G P N S D I U N N D O I W T
X H L Q E G H O W Y I E Y V P L
G P V F E N C A X Z V R E J O N
B Q I T H E H I C U N A D J E L
M L K C T C L O T H I N G M N I
H F F U K L N I D T N S X P Z C
F M A N C Z Q C P R F J Q Z M N
X H M O S A M U R Q B G S V M B
```

STYLE ✓
CLOTHING ✓
HAUTE COUTURE ✓
TAILOR ✓
COUTURE ✓
LIFESTYLE ✓
TREND ✓

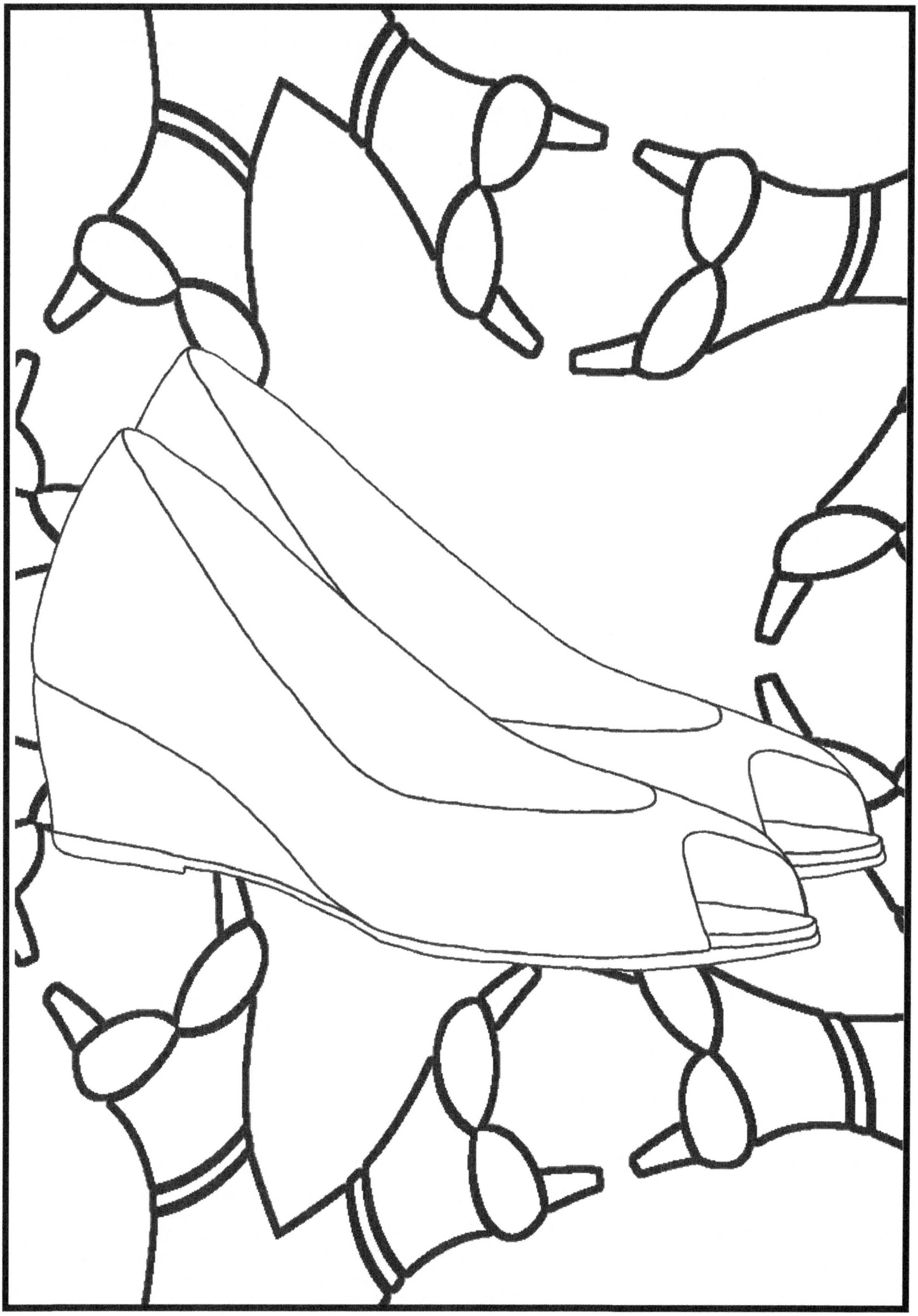

ZAGS
PRESS

# Match the numbers

3
4
5
12
2

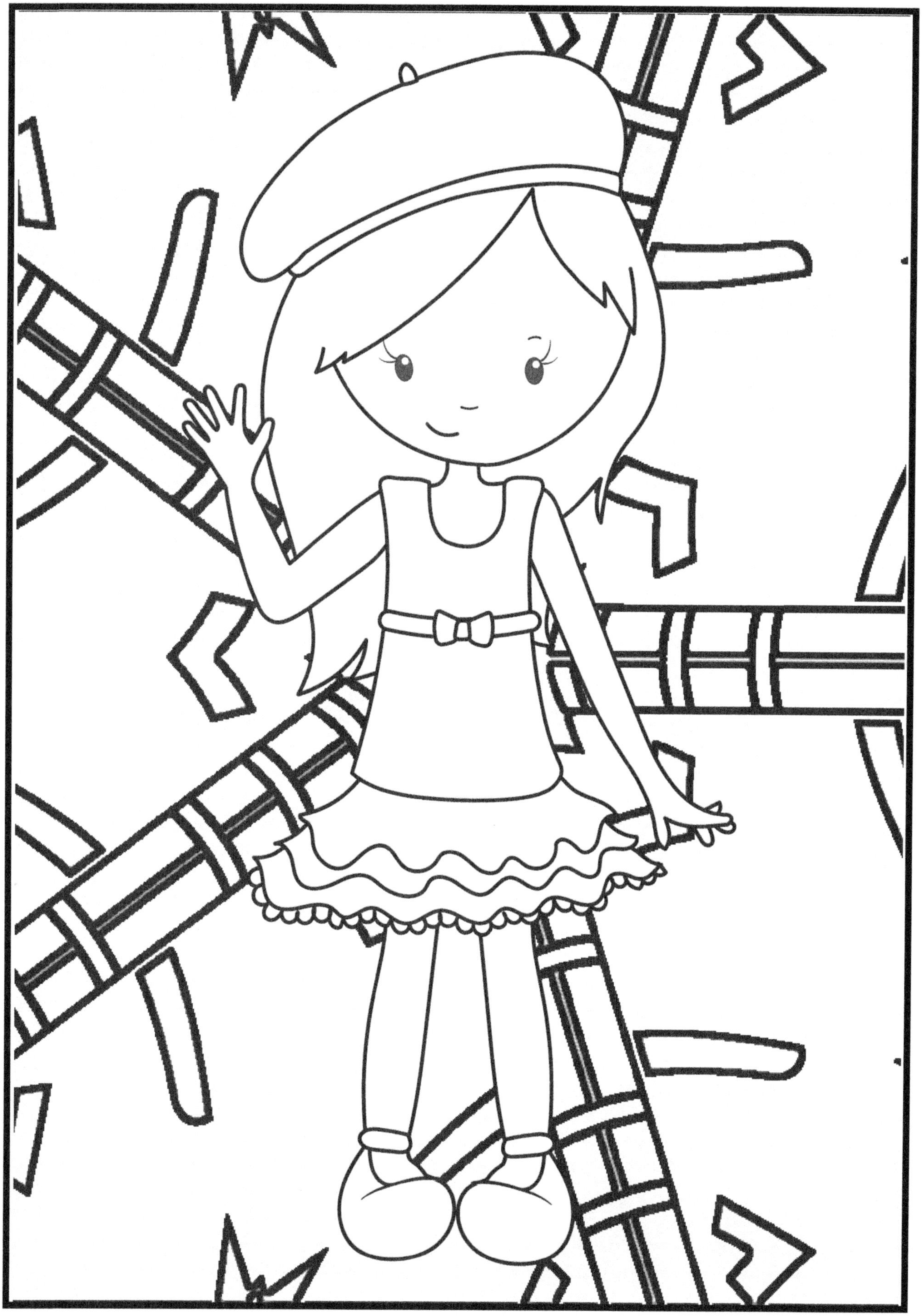

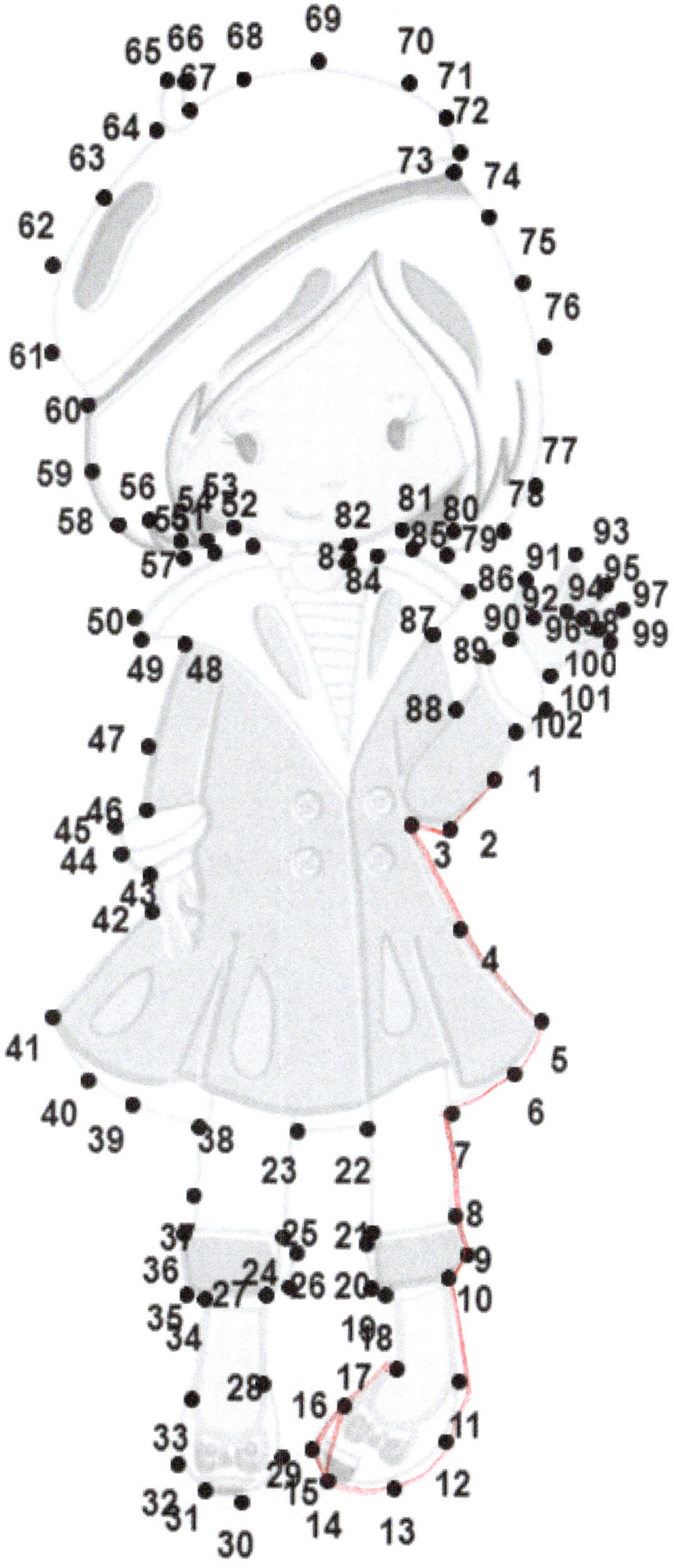

ZAGS
PRESS

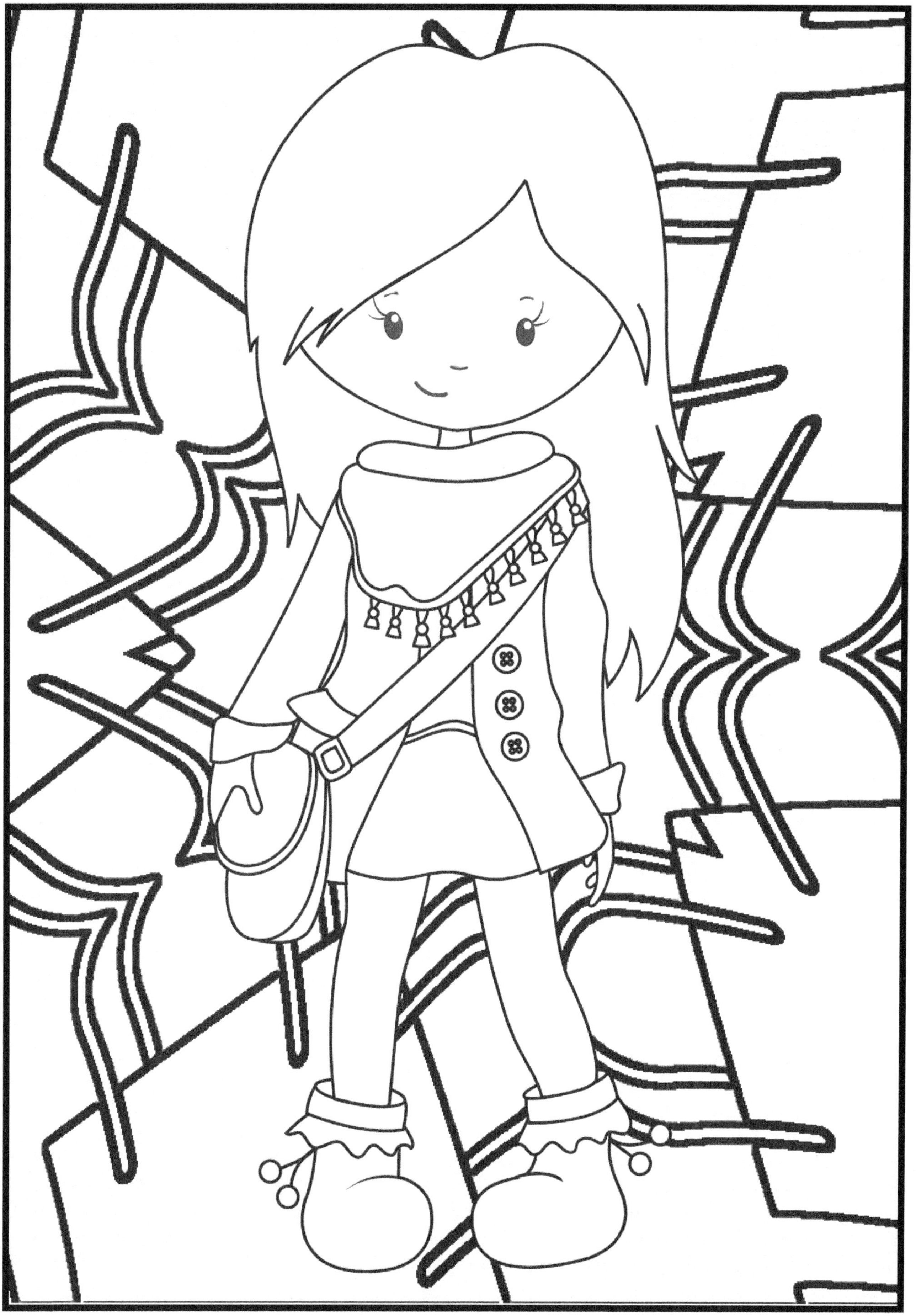

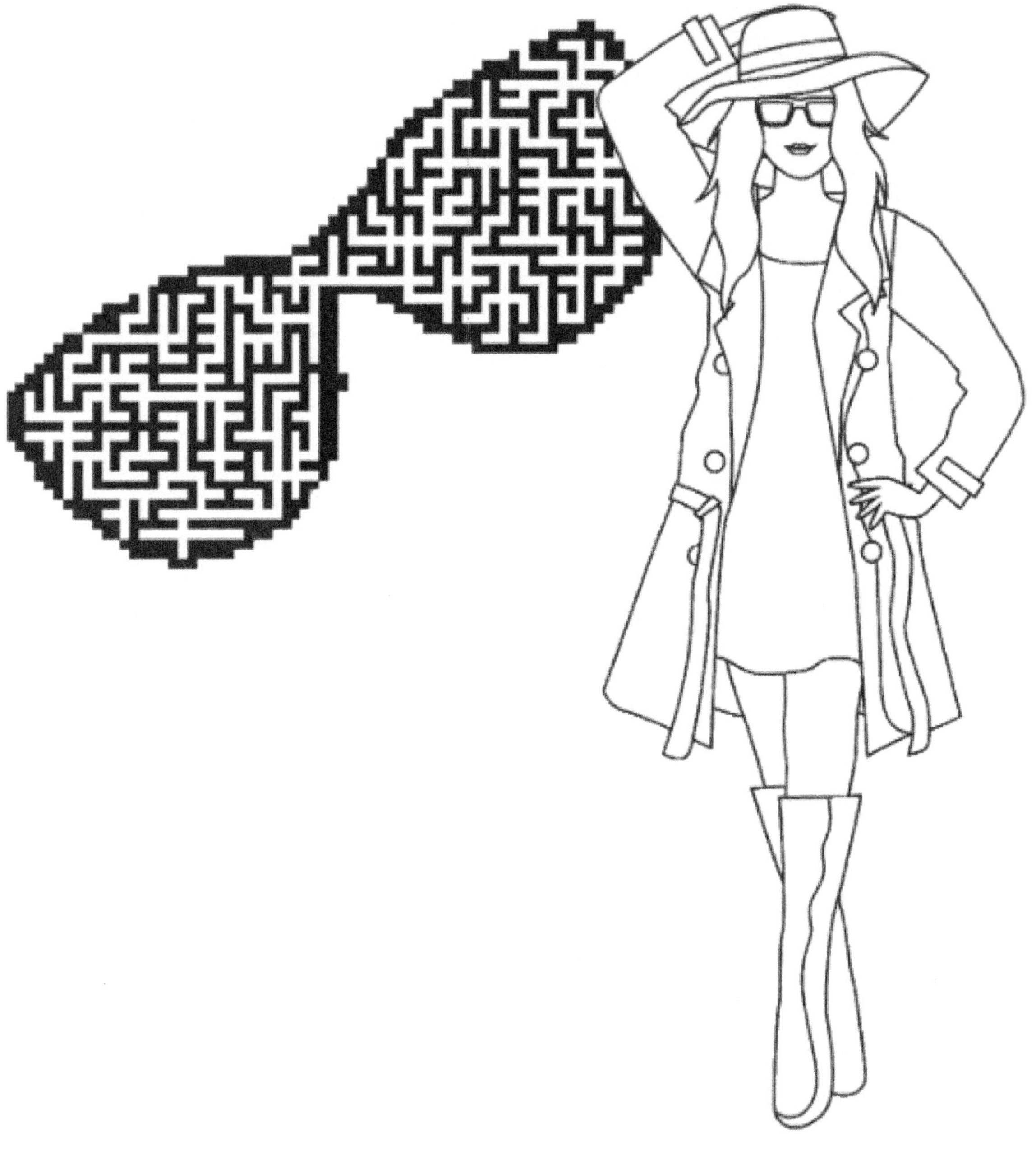

ZAGS
PRESS

```
X B F Y F E F A E V J G N D M N
H C A P N H E O J B R B W O U E
A J R O M W E D E S I G N E R D
C T B M O U S L B W Y O S W T O
C D I N C W T B H H J R P J L M
N U I Y L Z K B B F U T A X M F
X M J W X B U I Q R J E Q O M O
Z R A E W S N E M T R R X M B O
D P D W O O P S D U A N E P O T
S A P D Y O V T J C A B E Z H W
C G C U A V T E U P C L Q D S E
T Z U T Q O V L D X R L M T U A
N W U S H Y H Z X I Z I G C W R
G F P T H U D A N I W A Q E D T
E T D R E S S E S F A S W S Z P
F X T V Q O U R S J U Q Q G K G
```

RETRO
DESIGNER
MODE
MENSWEAR
CUT
FOOTWEAR
DRESSES

ZAGS PRESS

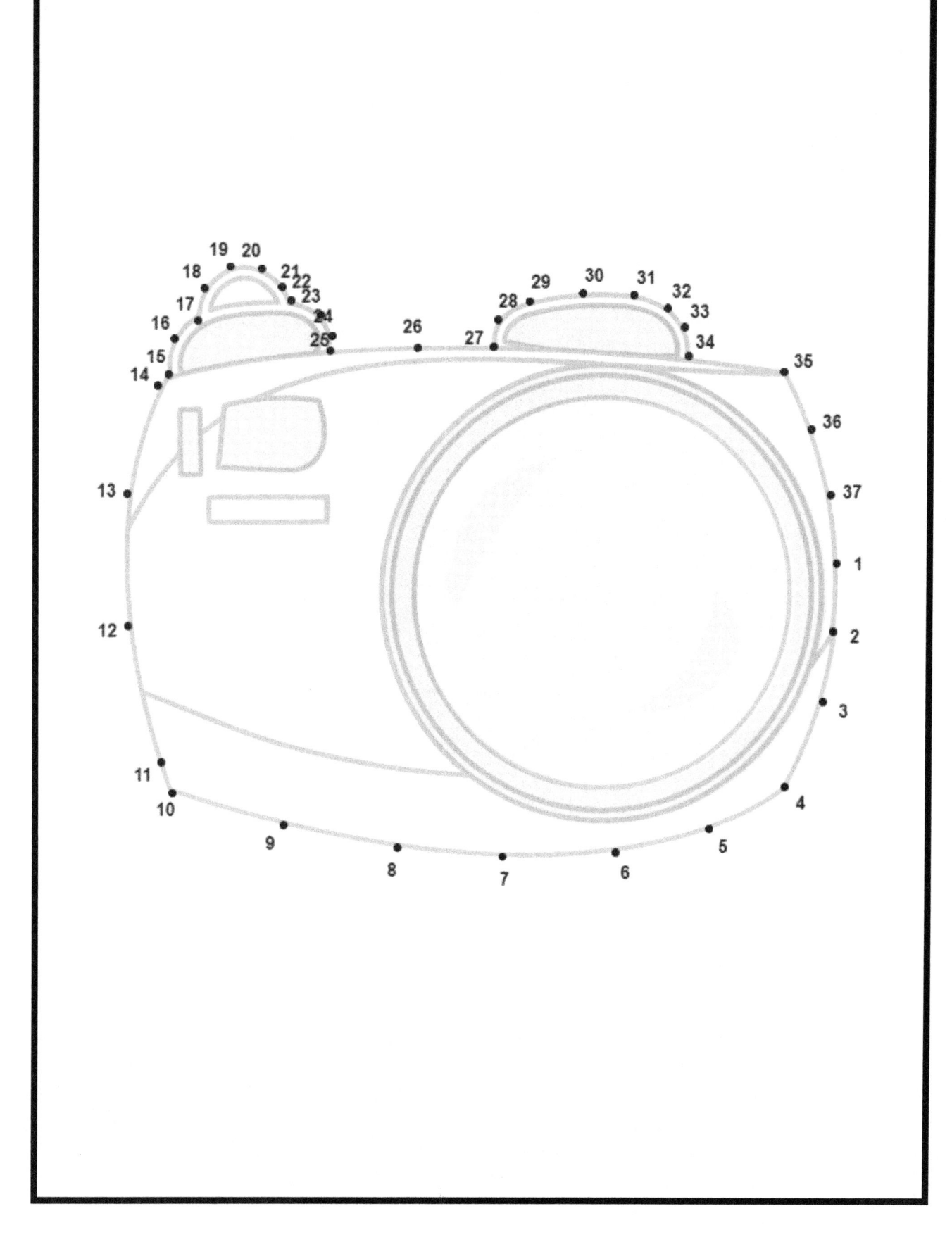

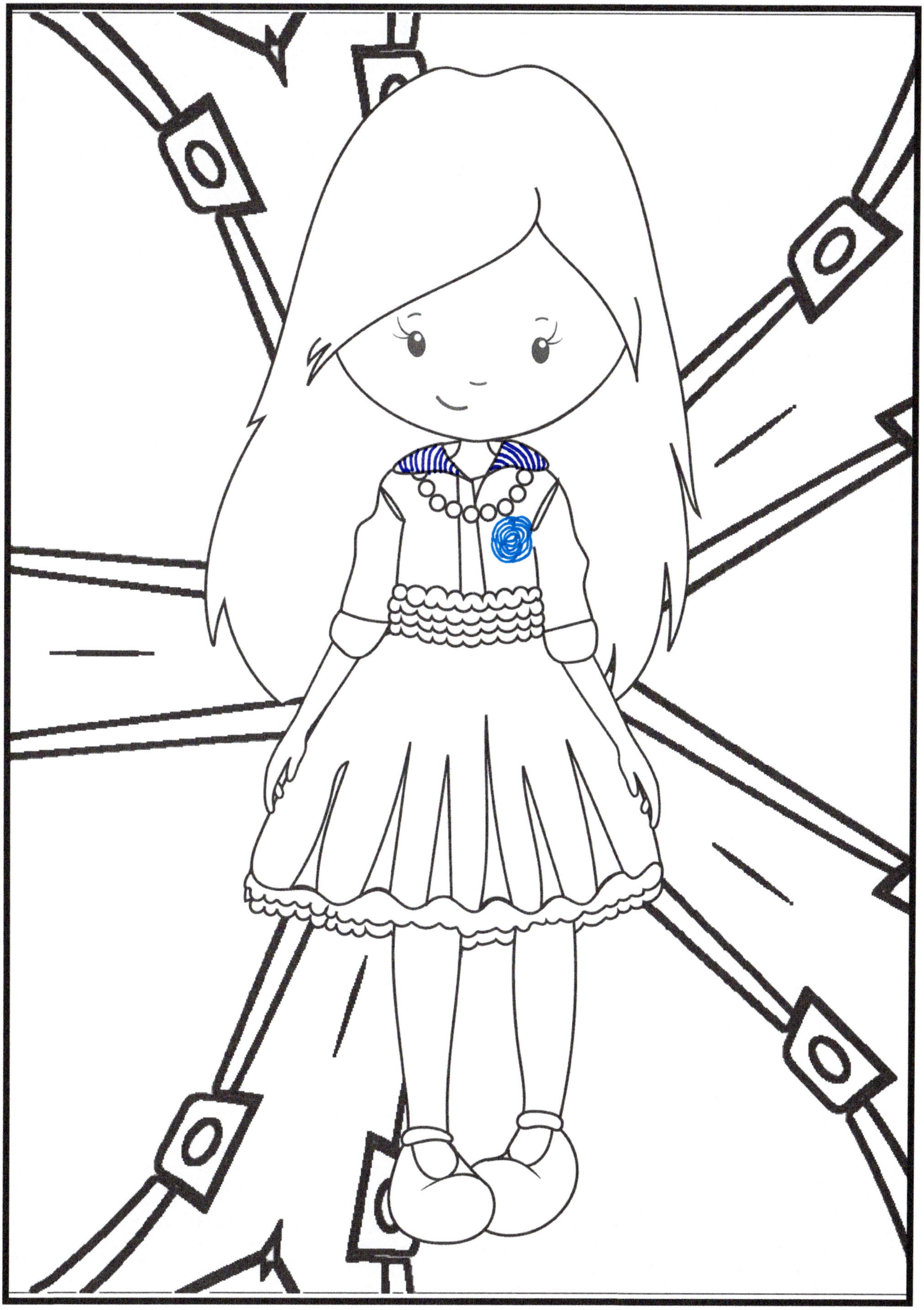

# Which image is the odd one out?

# ISPY

## How many do you see?

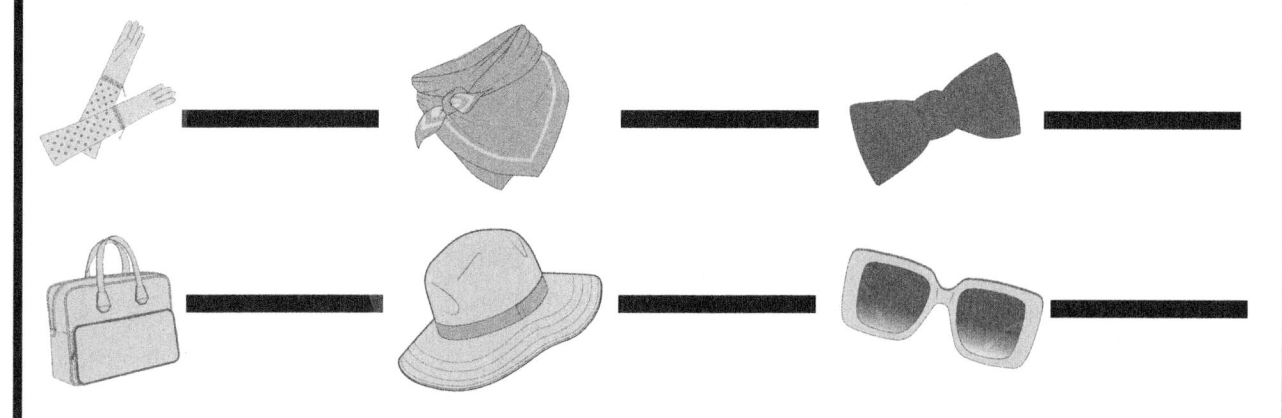

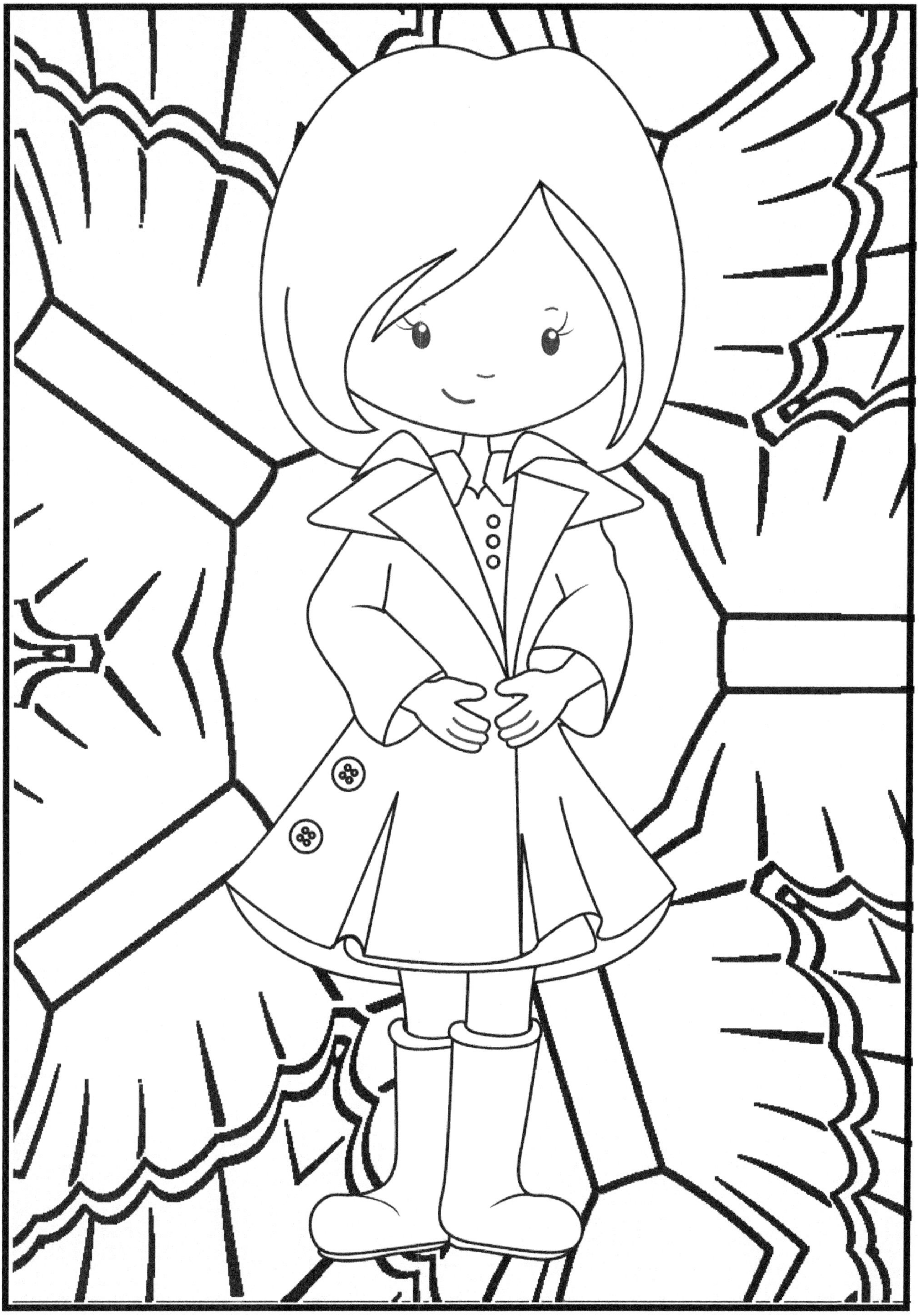

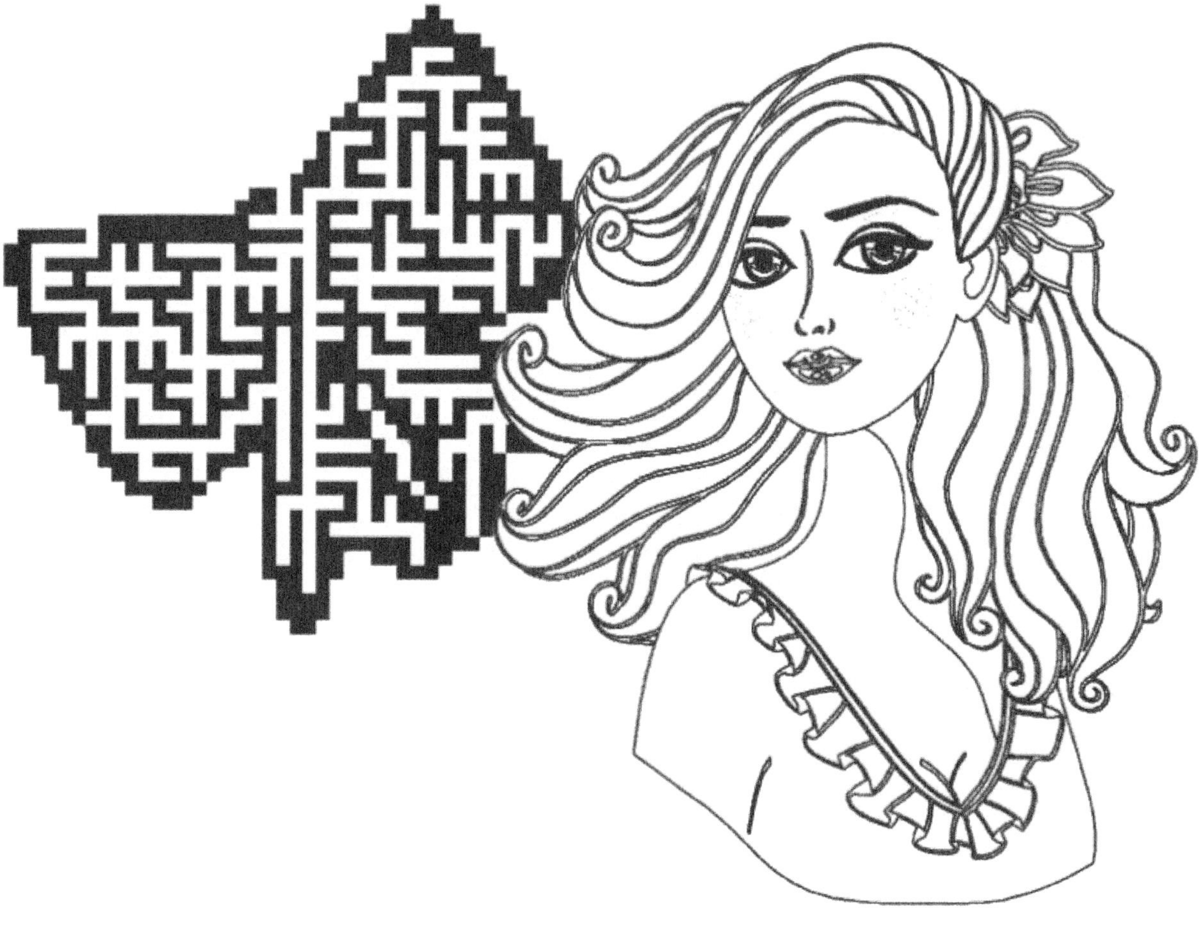

ZAGS
PRESS

```
R E N G I S E D N O I H S A F I
C I X Z T C V U E M T X R C S C
H T T J L I N G E R I E Q P J Y
P E N O P N I J A Z K Z E W M R
X M U J F K M A O R U B X U P J
H M W A J A O L R H O K O I E U
S N Q R H J J M N F U M I Q S J
P R V B Z M V E U P T P W V T L
S S J R X D G E D S E L I S I U
P P R A B A F U M Z Q Y T M F B
M X X N M P I K Q I Y D Q T B
D M E D E Q T C J M L C J O U Z
J S S O W M W G M I E Y G H O K
Q K D D E S B W S M Z P M V G O
T W K G S I A T Y F V D T Z R I
R C U V E U K N R E T T A P V U
```

LINGERIE
FIT
STYLIST
PATTERN
FASHION DESIGNER
BRAND
OUTFITS

ZAGS
PRESS

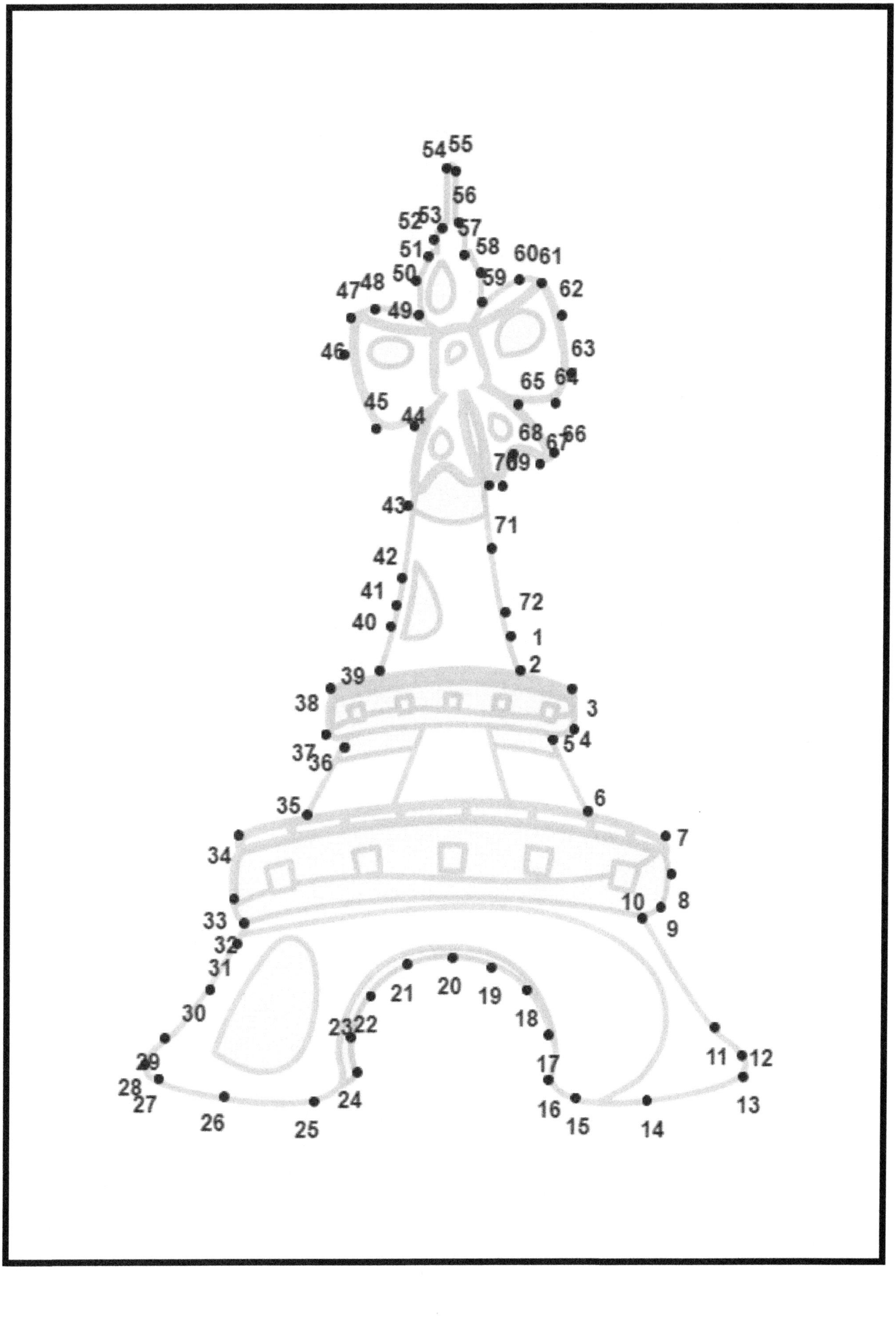

1
2
3
4
5
6
7
8
9
10
11
12
13
14
15
16
17
18
19
20
21
22
23
24
25
26
27
28
29
30
31
32
33
34
35
36
37
38
39
40
41
42
43
44
45
46
47
48
49
50
51
52
53
54
55
56
57
58
59
60
61
62
63
64
65
66
67
68
69
70
71
72

ZAGS
PRESS

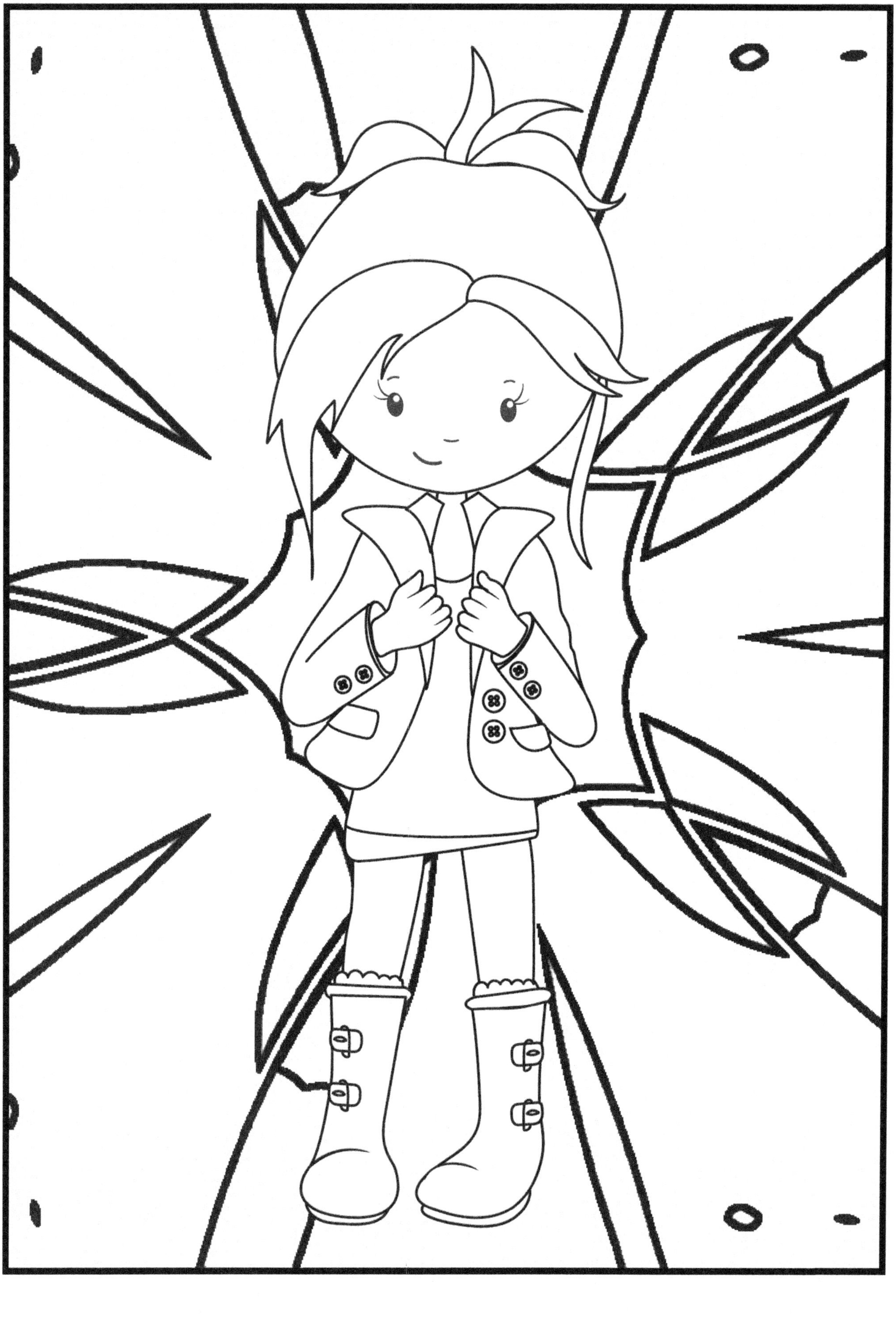

# Which image is the odd one out?

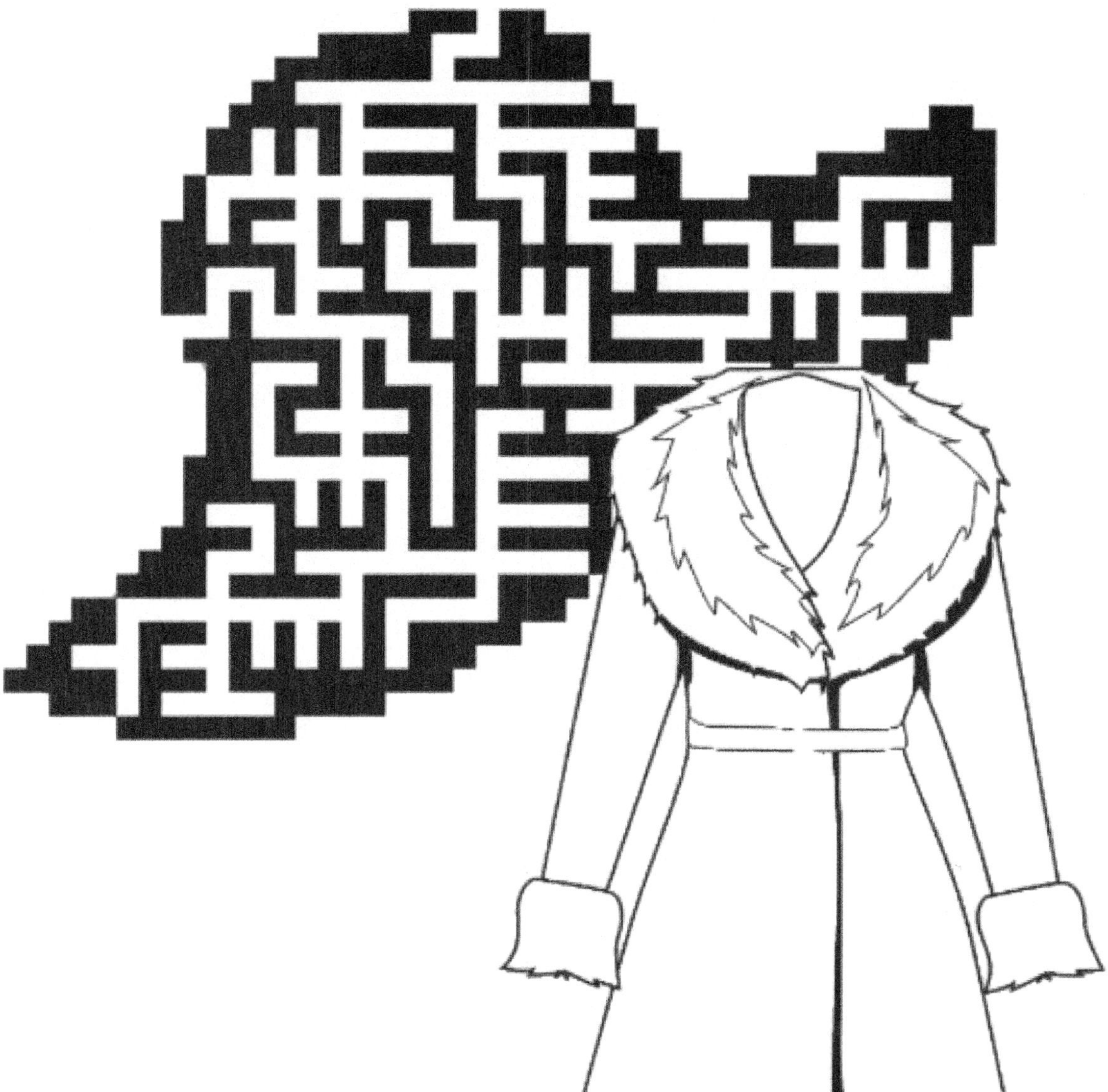

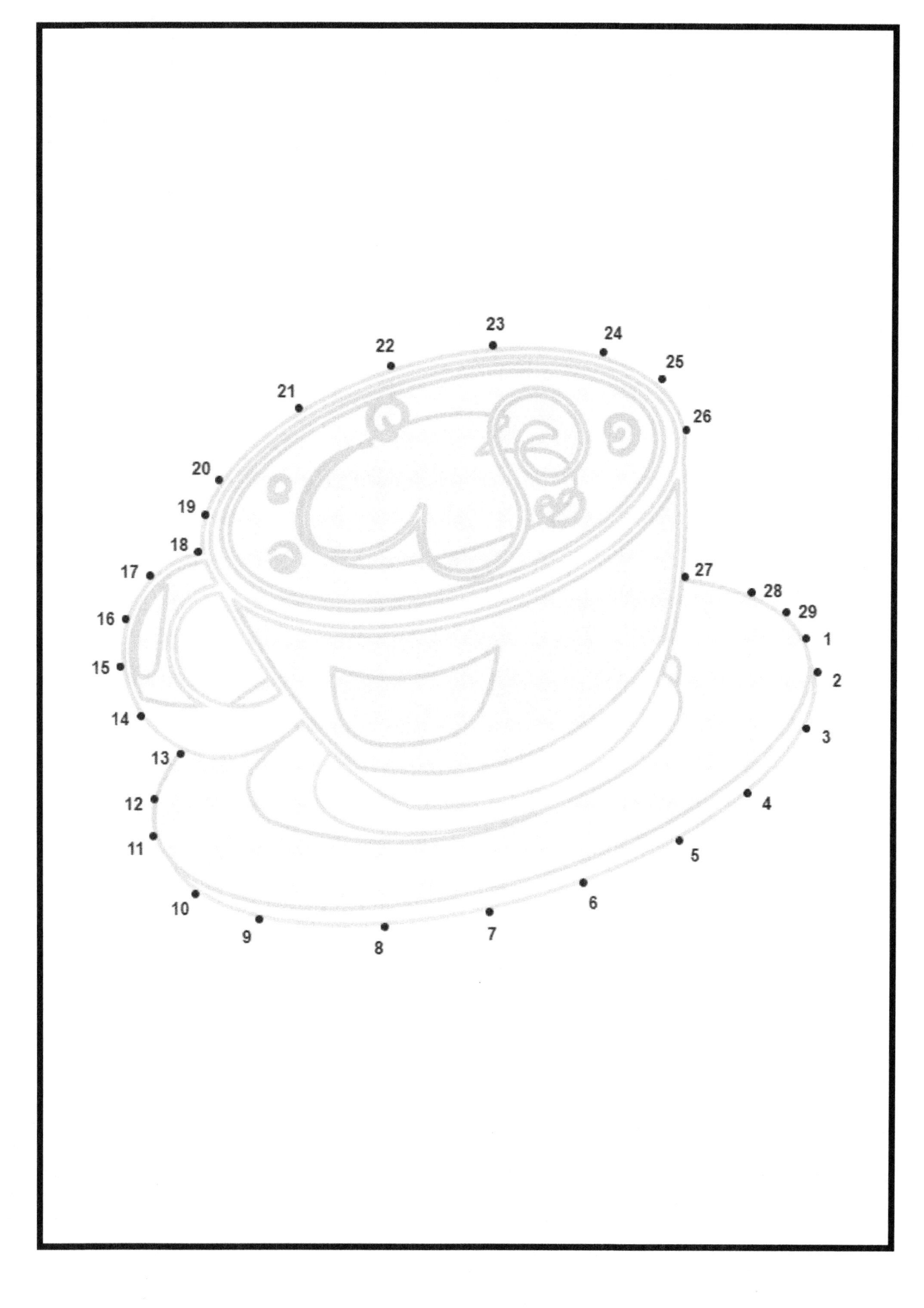

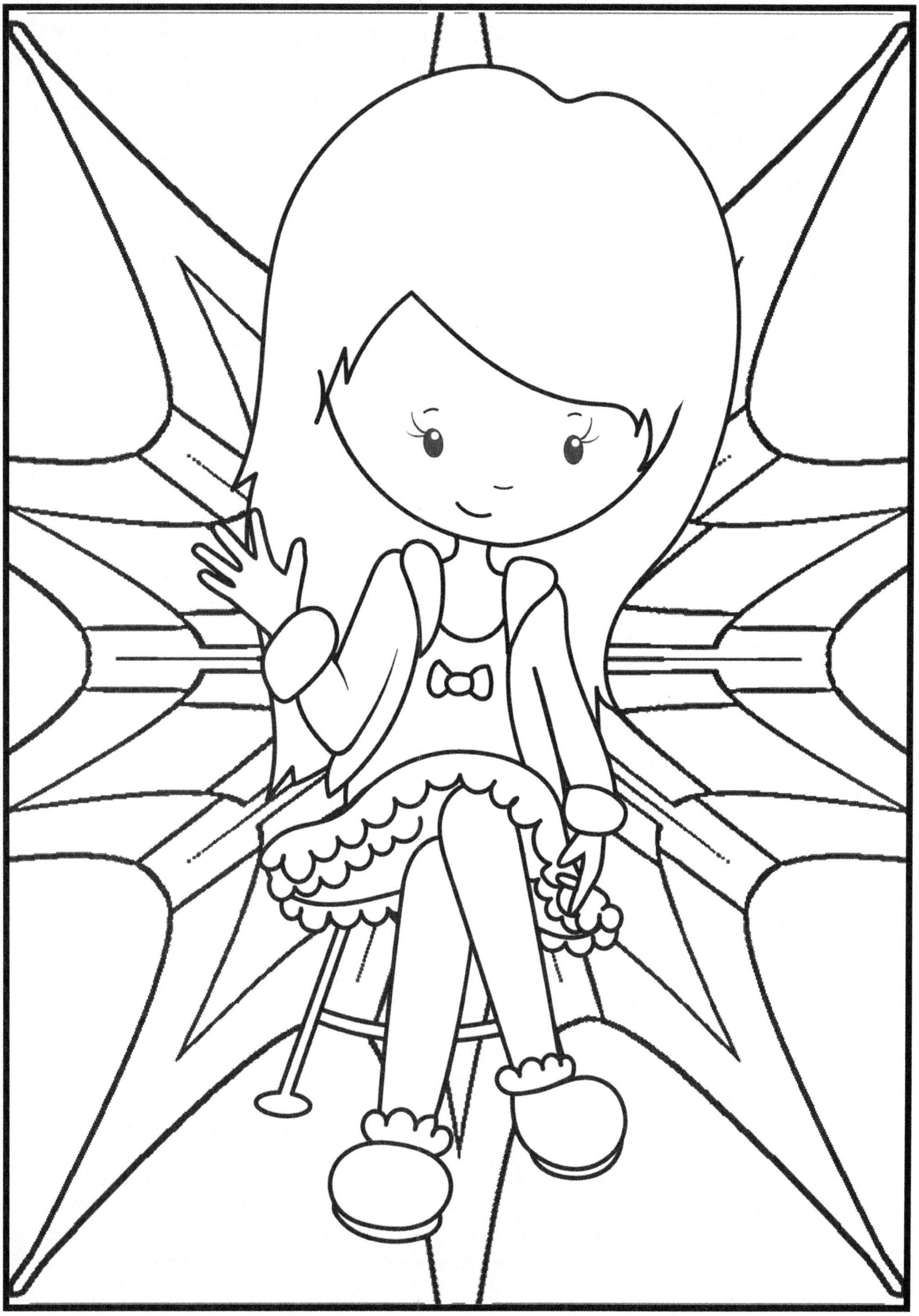

ZAGS
PRESS

# Match the numbers

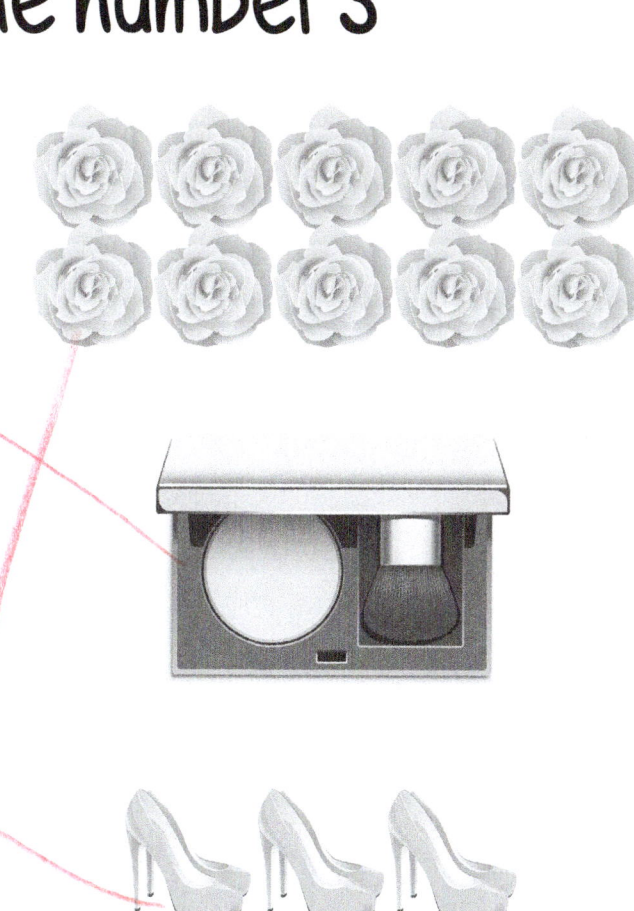

1
6
8
10
11

ZAGS
PRESS

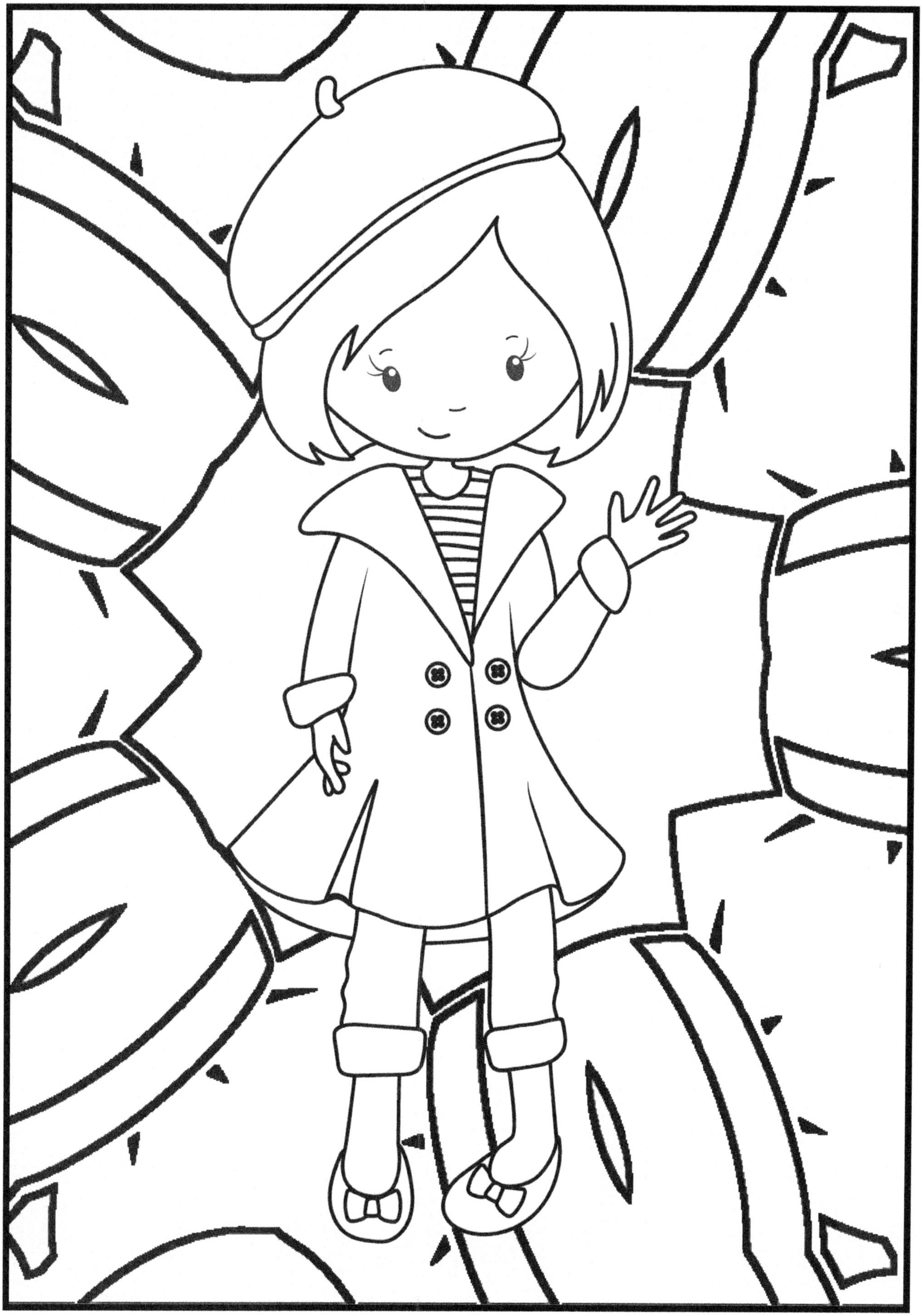

# ISPY

## How many do you see?

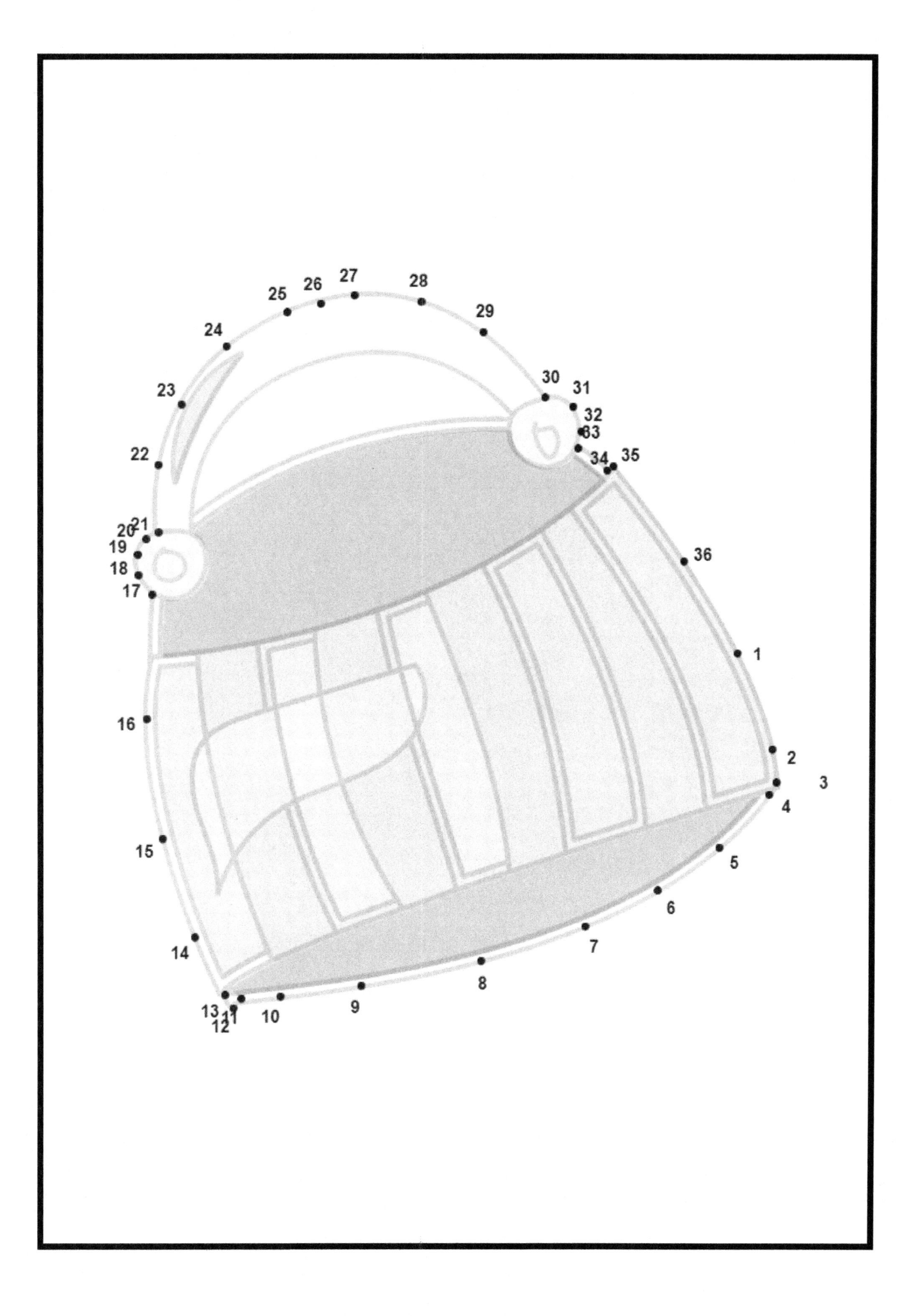

```
A R M L R L K B Y O R I Q Z W U
L N C N Q E F T V I O U G I F N
D C E T J X U Z O P B Z U H A K
W W Q W E A J N X Q O W B C S Q
U B F D E Z W A E Q U X O G H D
L V A B F E V T G B T I J T I K
V K S P A K B E A B I N K P O O
X T H B S W V J M V Q T D C N W
W M I P H C Z Q I W U I N J A C
Q Z O T I H Q J U S E A L T B A
B I N K O Y H L Z U S Z C C L J
M T S F N O S U Z O P K S Z E E
F B H Y S X K X O D E D S G T V
D C W G H J F T Y J I L Q R G J
G D R I O C M V N Z U A Z V R G
O S N U W C I H C L M S S C Z B
```

BOUTIQUES
BEAUTY
IMAGE
FASHIONS
CHIC
FASHION SHOW
FASHIONABLE

ZAGS
PRESS

# Cut and paste the words

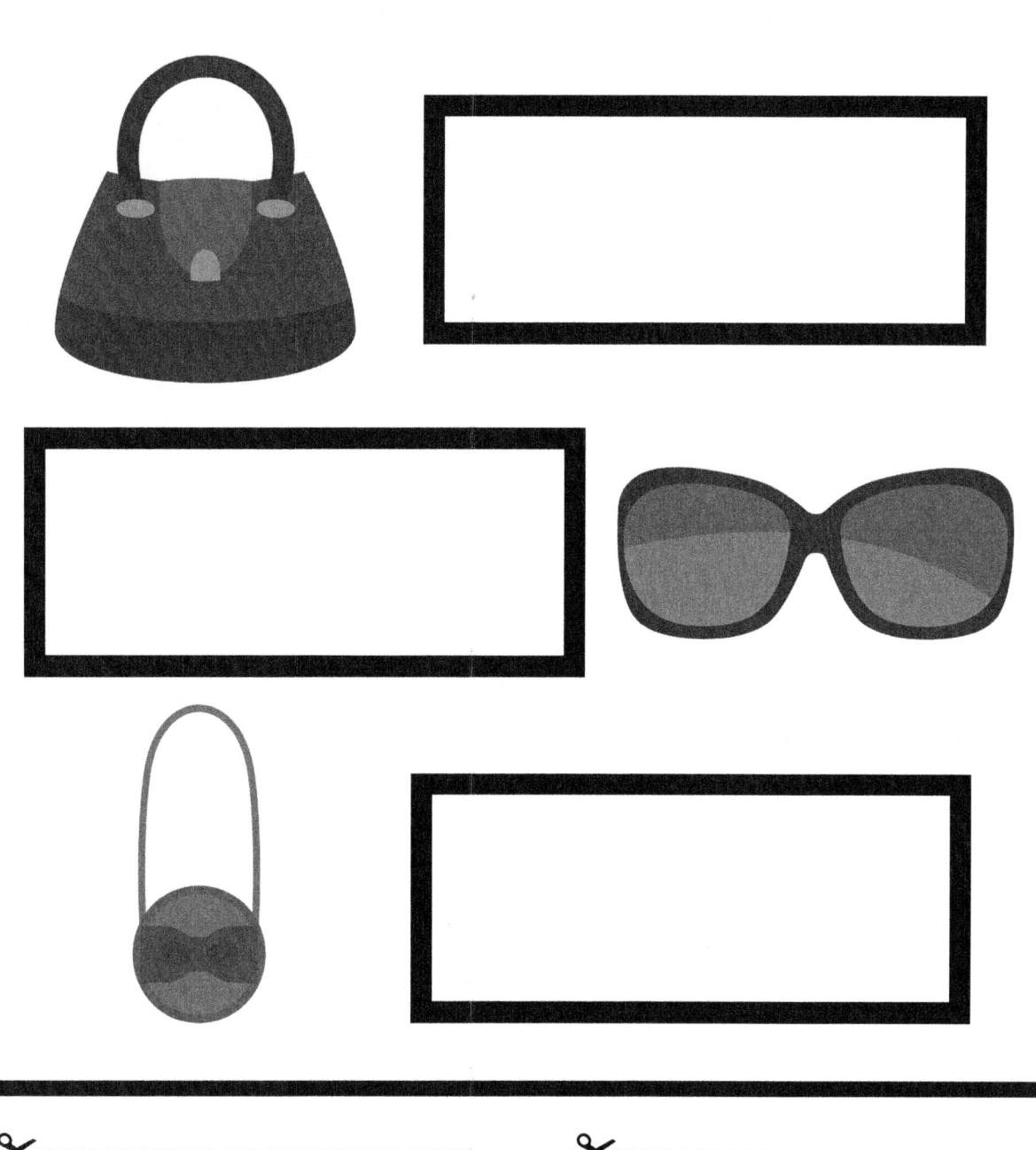

BAG   SHADES   PURSE

# Cut it, Solve it, then color the puzzle

ZAGS PRESS

# ISPY

## How many do you see?

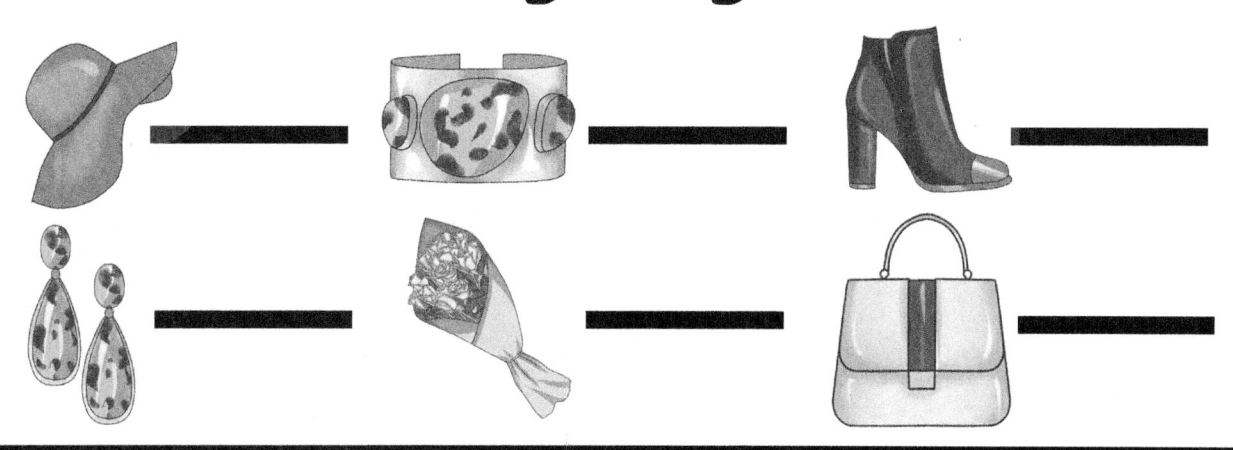

ZAGS
PRESS

# Cut and paste the words

RIBBON

PERFUME

HAT

# Which image is the odd one out?

```
C M F N A F N J C T R E N D Y B
C F T Q Y I N Q T X N C E A H A
L Y D K T O K Y O B D T Z H O W
Q E L I T V G T E M U T S O C K
R B A C K D N Q Q A X E J L G O
B U N T N C B S X I D O W U T P
T N O V H P H H K G K V M P B D
B X P M G E G K S T N Z C N M M
I I V Q A Q R Q Q J Q P L C E N
O Z X D S L Y W W W U M G N V A
B Y Y R X D G Y E W V N V P W L
S I G N A T U R E A H I I K G I
J M V F P O N S N Y R A F Q O M
P C T O U C H C T J T J H W N W
R Q U E J R U V M O Y S H Q B Q
P A C X E X F C N Z W P F C R S
```

COSTUME
TRENDY
MILAN
LEATHERWEAR
GLAMOUR
SIGNATURE
TOUCH

ZAGS
PRESS

# Cut it, Solve it, then color the puzzle

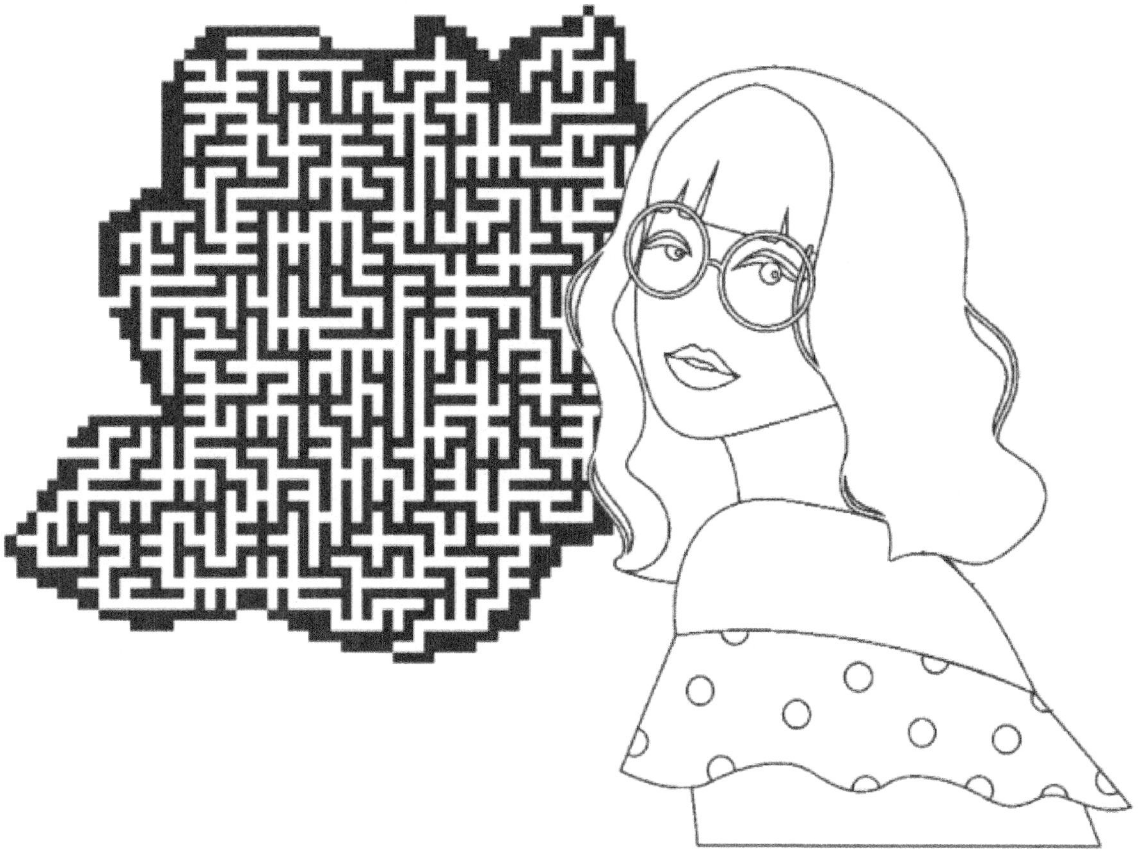

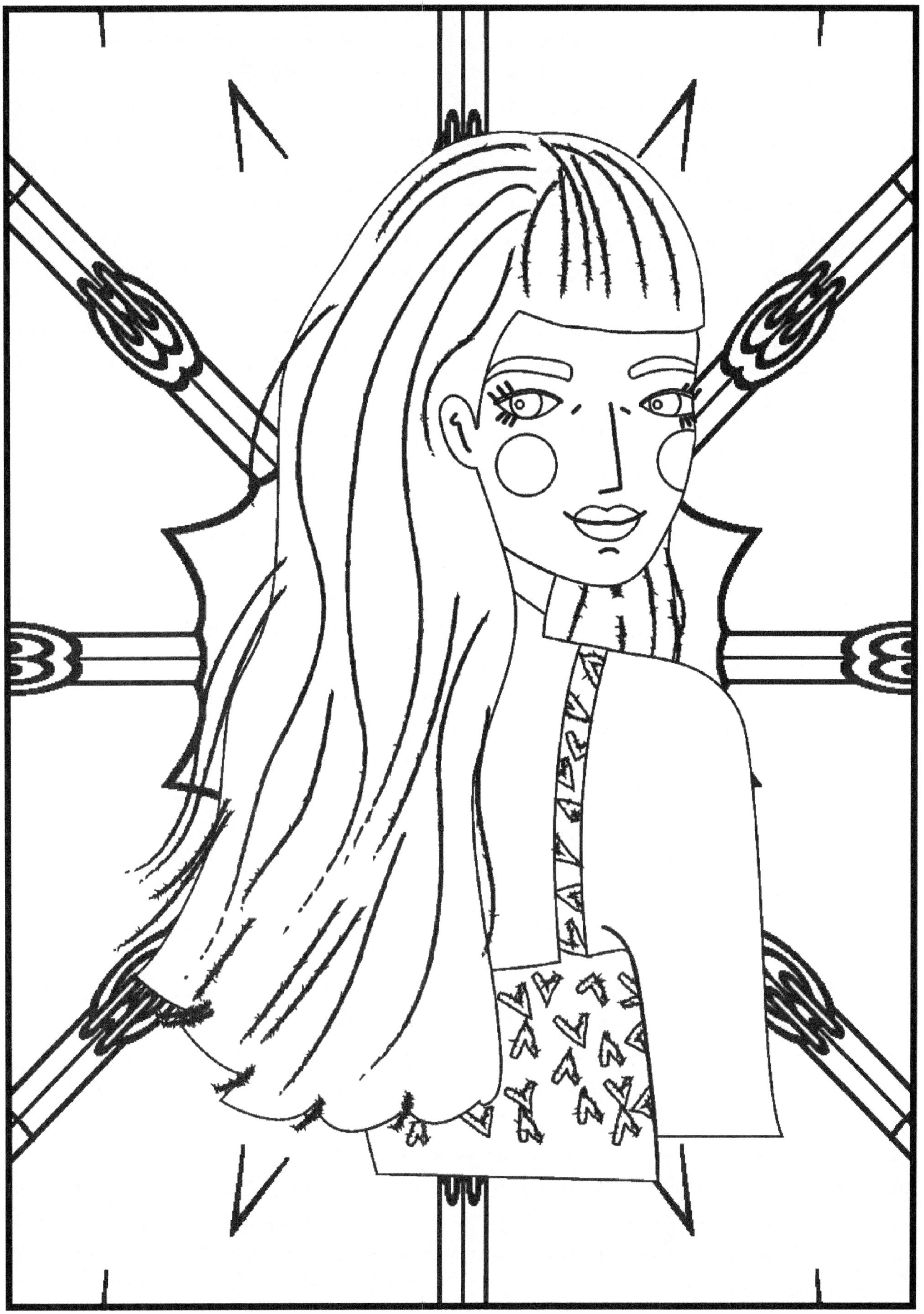

I hope you have enjoyed this Activity book.
i have a favor to ask you and it would mean the world for me as a publisher.
would you be kind enough to leave this book a review on amazon review page.
Thank you!

**SCAN ME**

Hello there!

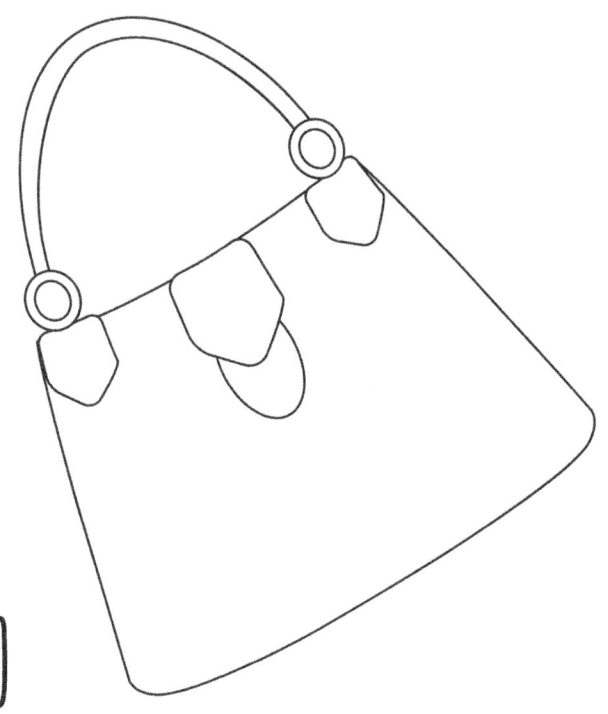

If you Have enjoyed this Activity book and want more, I have a little surprise for you. Scan the QR code to claim your bonus!.

ZAGS PRESS

# MAZE Solutions

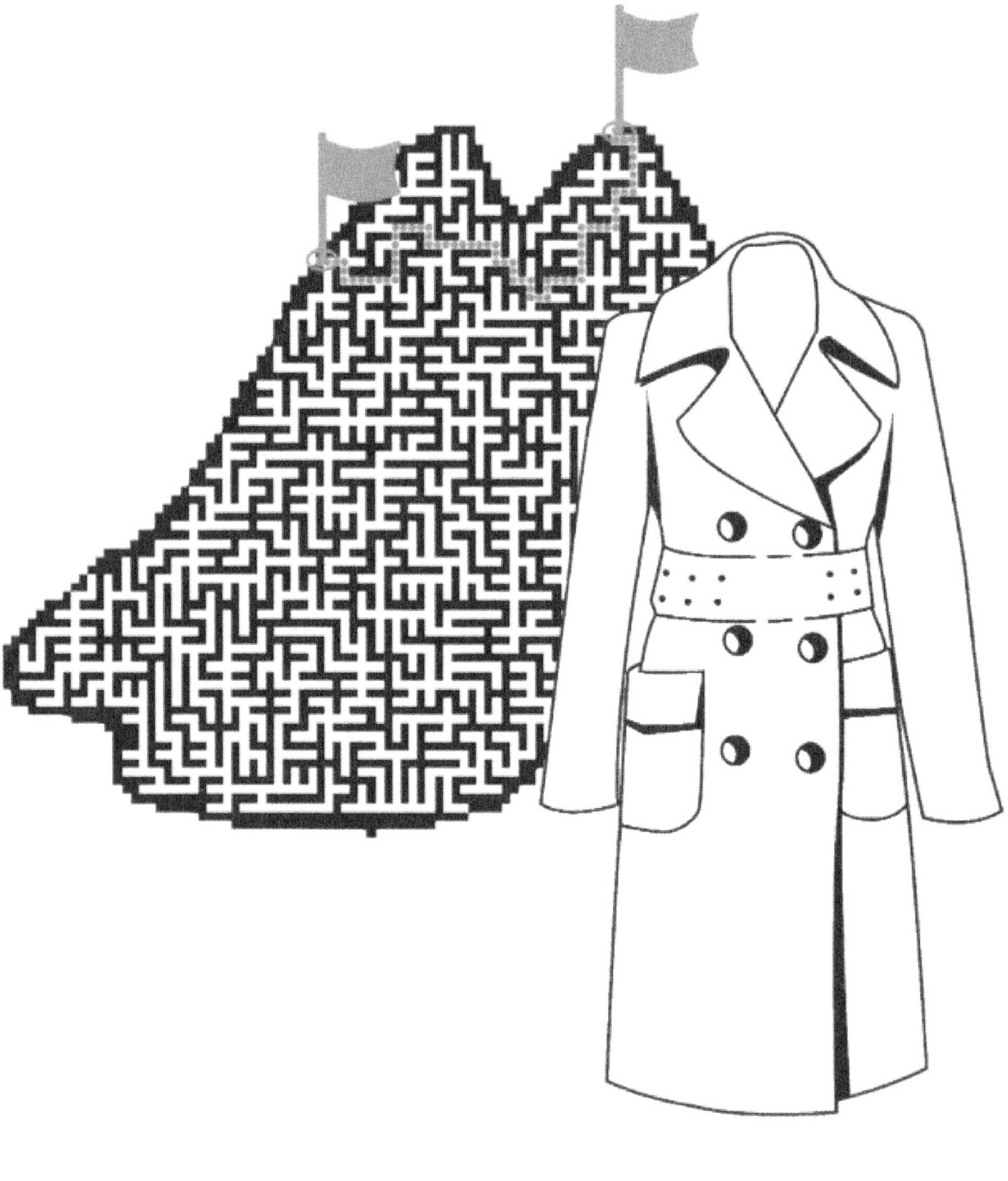

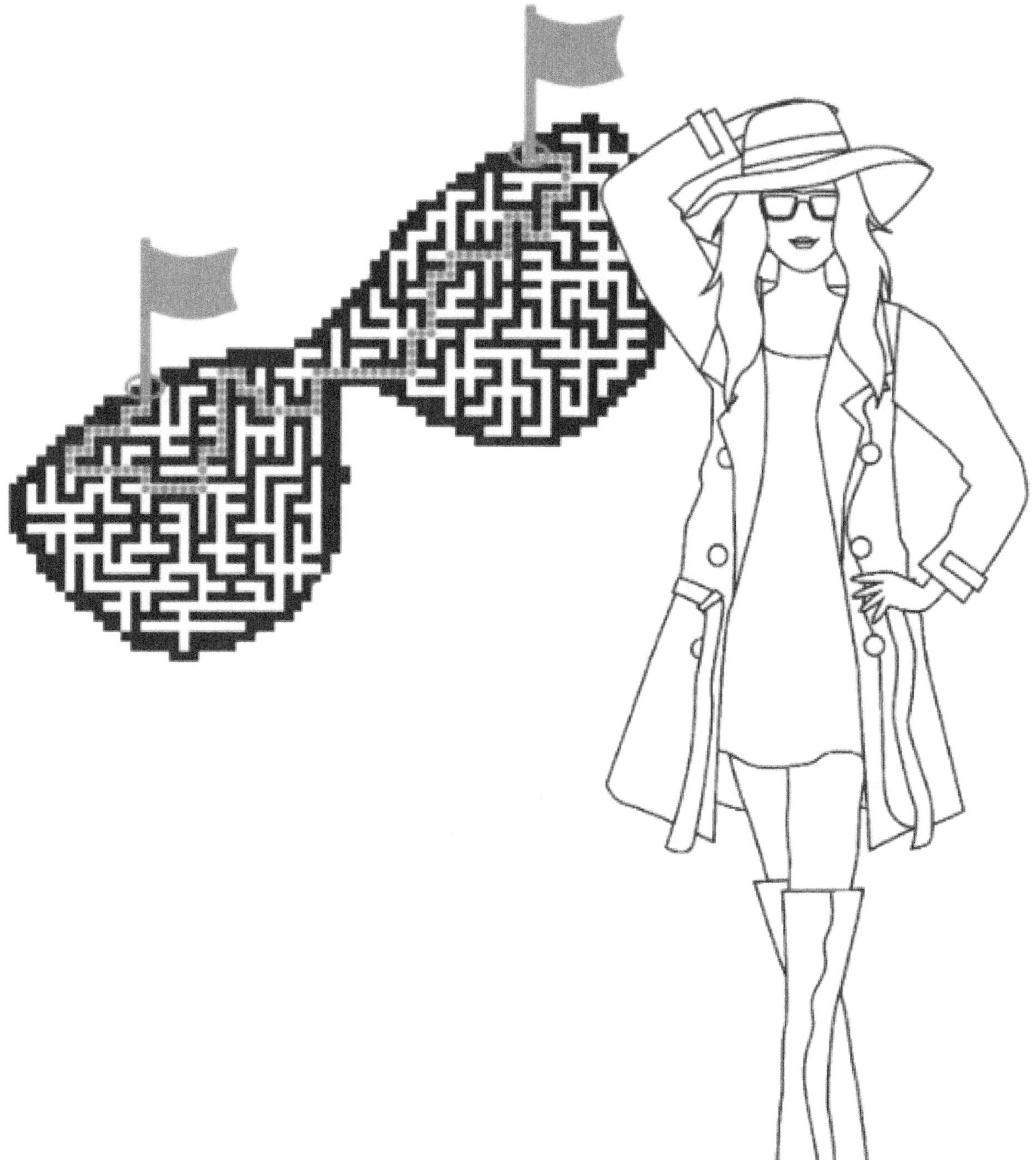

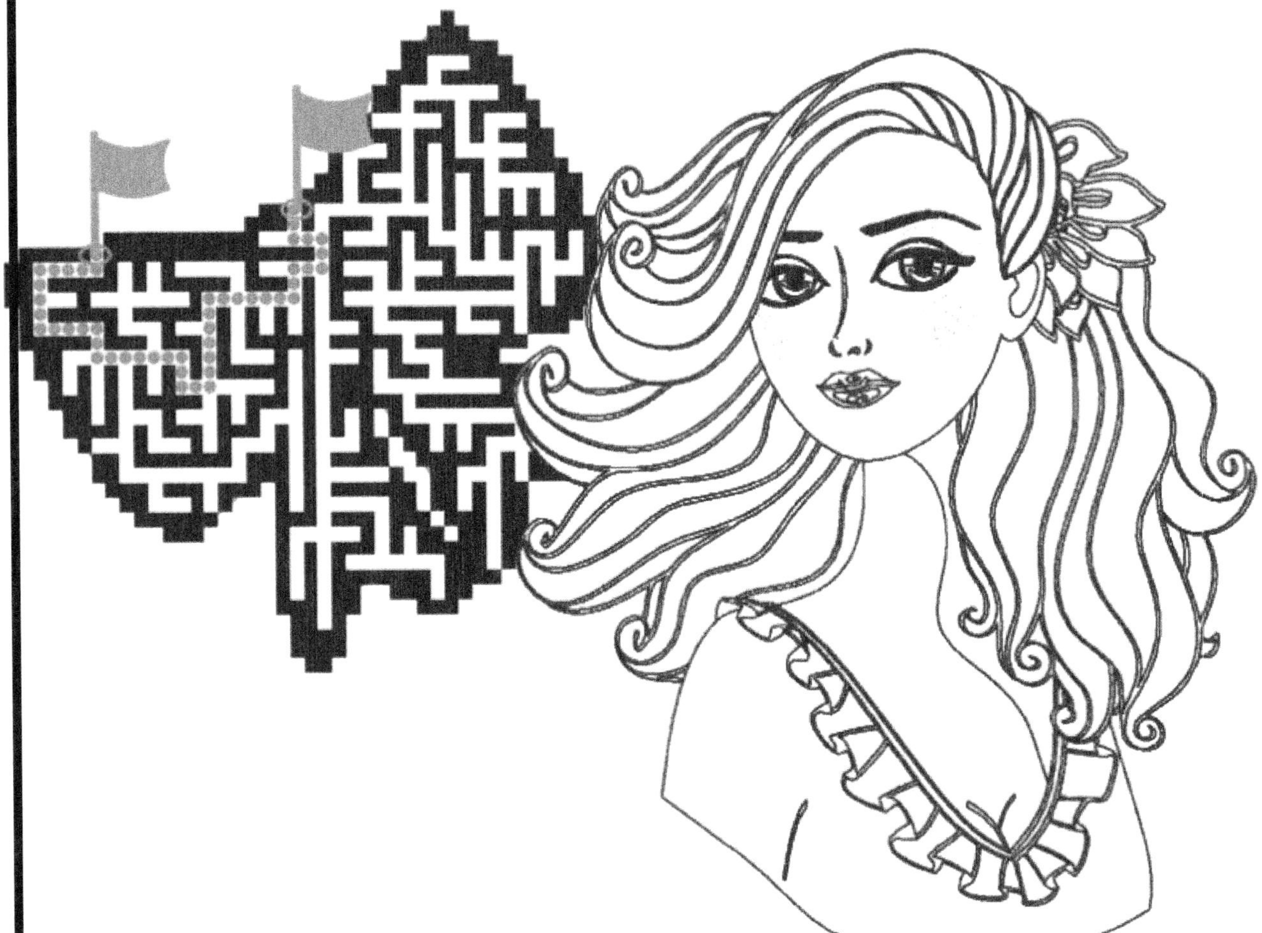

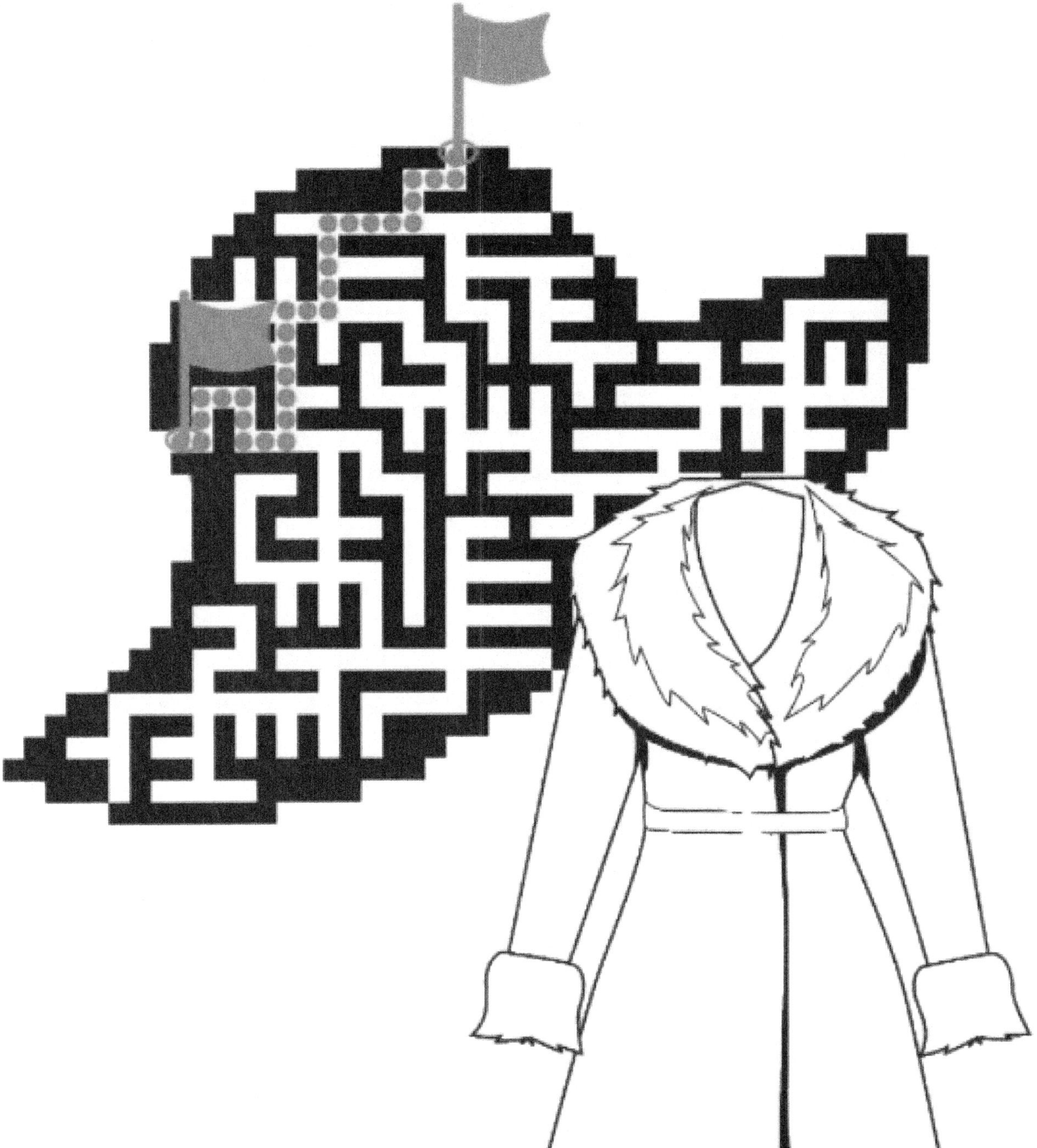

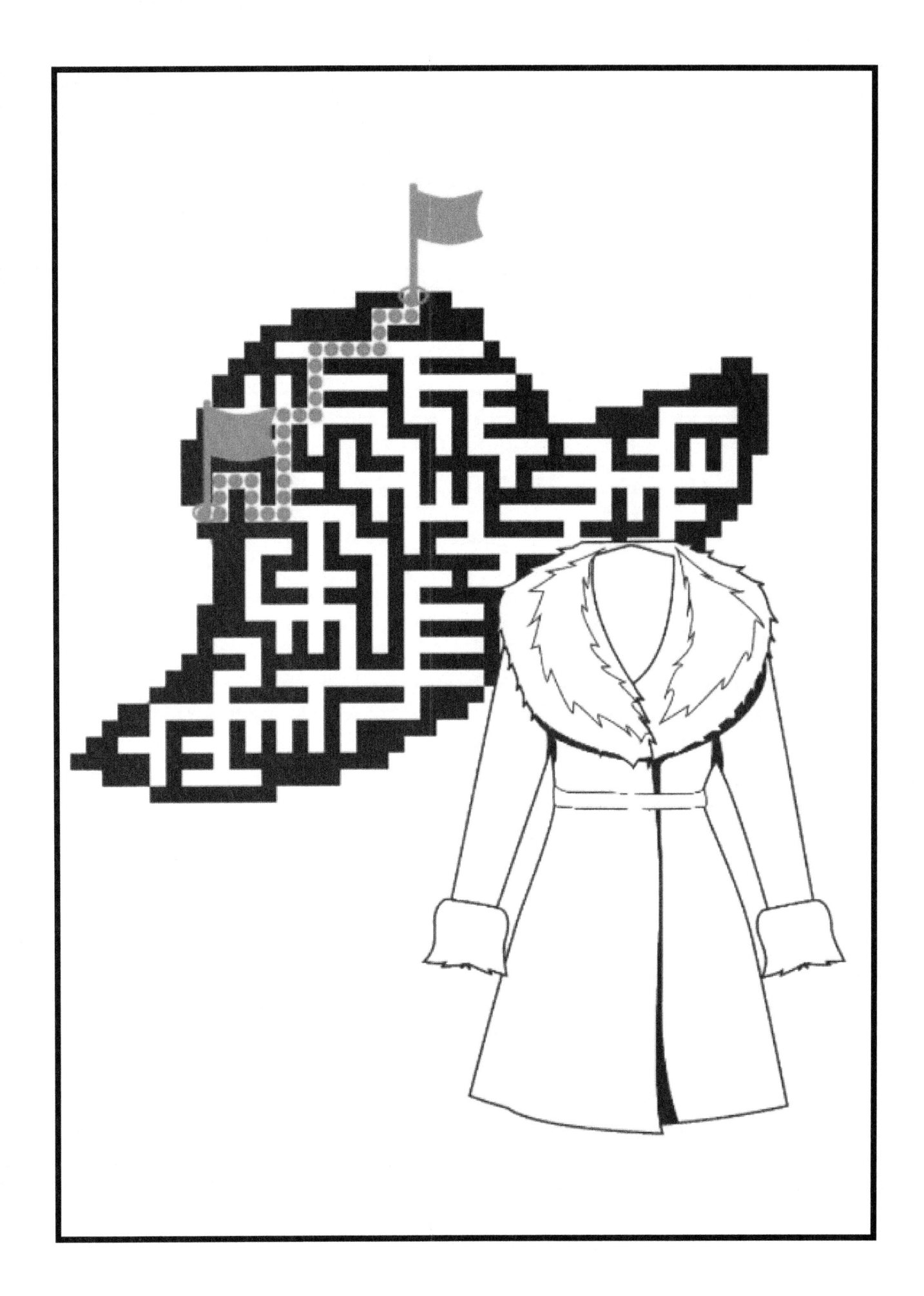

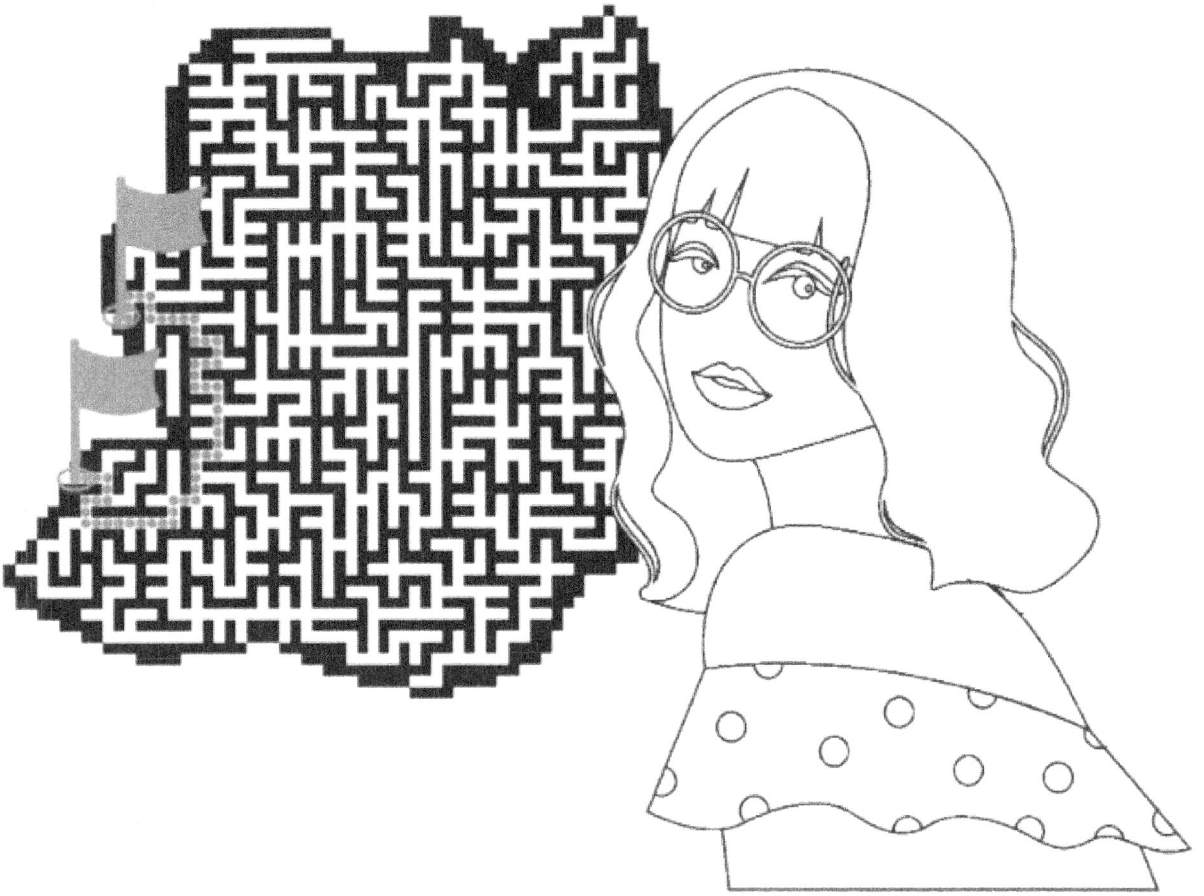

# Odd one out

# Solutions

# Which image is the odd one out?

# Which image is the odd one out?

# Which image is the odd one out?

# ISPY

# Solutions

# ISPY

## How many do you see?

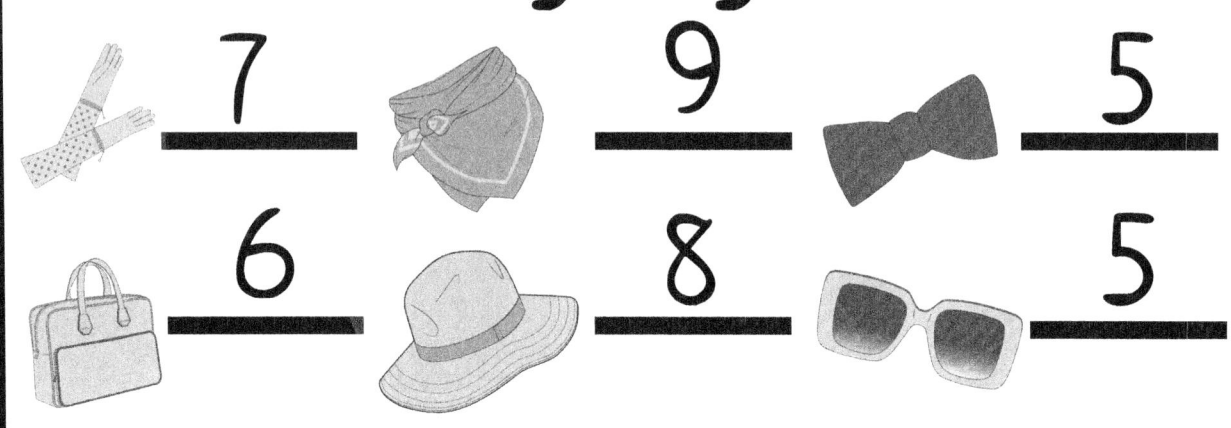

| | | |
|---|---|---|
| 🧤 7 | 🧣 9 | 🎀 5 |
| 👜 6 | 👒 8 | 🕶 5 |

# ISPY

## How many do you see?

 6

 6

 7

 5

 4

 8

# ISPY

## How many do you see?

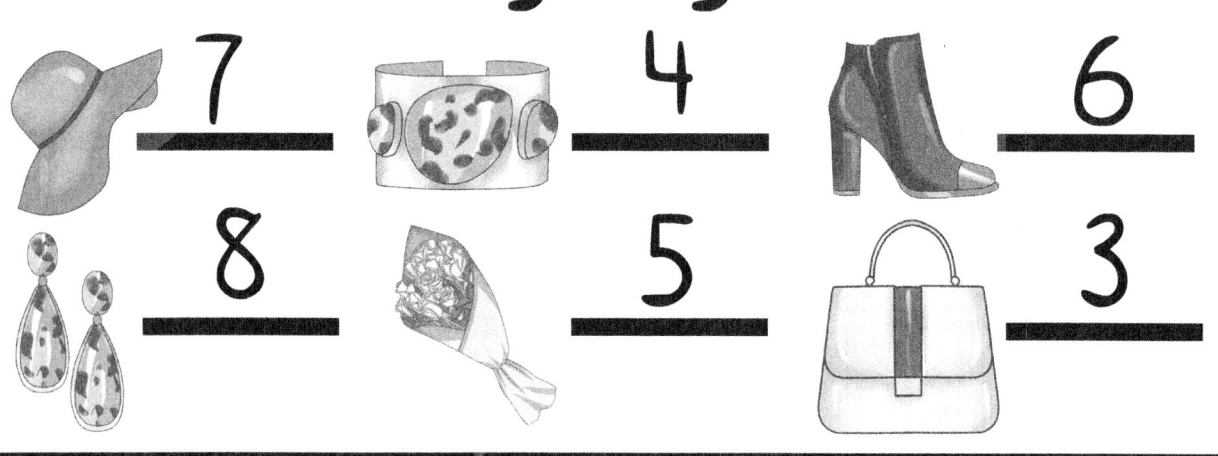

7

4

6

8

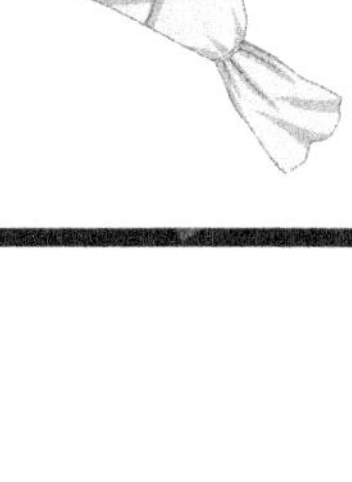

5

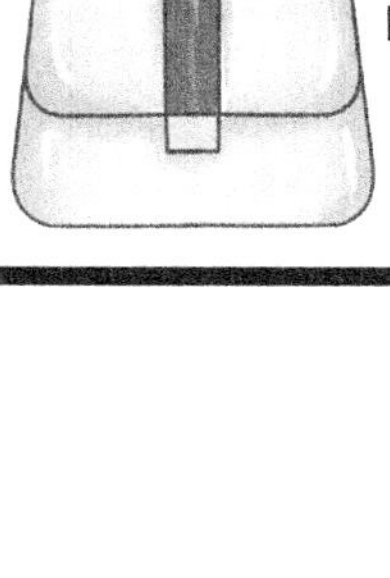

3

# Word Search Solutions

```
Y G U W C Y Z B Q R J Y O O C K
H H N P R O L I A T N Y V W O C
A K V S K X C A P T R E N D U G
A N P V S I Y Y Z Y R L I Q T M
F A D T J D M X G E H P E B U K
N F F E L Y T S L N A R Z G R R
J J L J X G Y Y Z D U B U P E O
B X O H K R T D F T F C N W G V
R E G P N S D I U N N D O I W T
X H L Q E G H O W Y I E Y V P L
G P V F E N C A X Z V R E J O N
B Q I T H E H I C U N A D J E L
M L K C T C L O T H I N G M N I
H F F U K L N I D T N S X P Z C
F M A N C Z Q C P R F J Q Z M N
X H M O S A M U R Q B G S V M B
```

| | | | | | | | | | | | | | | |
|---|---|---|---|---|---|---|---|---|---|---|---|---|---|---|
|X|B|F|Y|F|E|F|A|E|V|J|G|N|D|M|N|
|H|C|A|P|N|H|E|O|J|B|R|B|W|O|U|E|
|A|J|R|O|M|W|E|D|E|S|I|G|N|E|R|D|
|C|T|B|M|O|U|S|L|B|W|Y|O|S|W|T|O|
|C|D|I|N|C|W|T|B|H|H|J|R|P|J|L|M|
|N|U|I|Y|L|Z|K|B|B|F|U|T|A|X|M|F|
|X|M|J|W|X|B|U|I|Q|R|J|E|Q|O|M|O|
|Z|R|A|E|W|S|N|E|M|T|R|R|X|M|B|O|
|D|P|D|W|O|O|P|S|D|U|A|N|E|P|O|T|
|S|A|P|D|Y|O|V|T|J|C|A|B|E|Z|H|W|
|C|G|C|U|A|V|T|E|U|P|C|L|Q|D|S|E|
|T|Z|U|T|Q|O|V|L|D|X|R|L|M|T|U|A|
|N|W|U|S|H|Y|H|Z|X|I|Z|I|G|C|W|R|
|G|F|P|T|H|U|D|A|N|I|W|A|Q|E|D|T|
|E|T|D|R|E|S|S|E|S|F|A|S|W|S|Z|P|
|F|X|T|V|Q|O|U|R|S|J|U|Q|Q|G|K|G|

| | | | | | | | | | | | | | | | |
|---|---|---|---|---|---|---|---|---|---|---|---|---|---|---|---|
| R | E | N | G | I | S | E | D | N | O | I | H | S | A | F | I |
| C | I | X | Z | T | C | V | U | E | M | T | X | R | C | S | C |
| H | T | T | J | L | I | N | G | E | R | I | E | Q | P | J | Y |
| P | E | N | O | P | N | I | J | A | Z | K | Z | E | W | M | R |
| X | M | U | J | F | K | M | A | O | R | U | B | X | U | P | J |
| H | M | W | A | J | A | O | L | R | H | O | K | O | I | E | U |
| S | N | Q | R | H | J | J | M | N | F | U | M | I | Q | S | J |
| P | R | V | B | Z | M | V | E | U | P | T | P | W | V | T | L |
| S | S | J | R | X | D | G | E | D | S | E | L | I | S | I | U |
| P | P | R | A | B | A | F | U | M | Z | Q | Y | T | M | F | B |
| M | X | X | N | M | P | I | J | K | Q | I | Y | D | Q | T | B |
| D | M | E | D | E | Q | T | C | J | M | L | C | J | O | U | Z |
| J | S | S | O | W | M | W | G | M | I | E | Y | G | H | O | K |
| Q | K | D | D | E | S | B | W | S | M | Z | P | M | V | G | O |
| T | W | K | G | S | I | A | T | Y | F | V | D | T | Z | R | I |
| R | C | U | V | E | U | K | N | R | E | T | T | A | P | V | U |

| | | | | | | | | | | | | | | | |
|---|---|---|---|---|---|---|---|---|---|---|---|---|---|---|---|
|A|R|M|L|R|L|K|B|Y|O|R|I|Q|Z|W|U|
|L|N|C|N|Q|E|F|T|V|I|O|U|G|I|F|N|
|D|C|E|T|J|X|U|Z|O|P|B|Z|U|H|A|K|
|W|W|Q|W|E|A|J|N|X|Q|O|W|B|C|S|Q|
|U|B|F|D|E|Z|W|A|E|Q|U|X|O|G|H|D|
|L|V|A|B|F|E|V|T|G|B|T|I|J|I|K|
|V|K|S|P|A|K|B|E|A|B|I|N|K|P|O|O|
|X|T|H|B|S|W|V|J|M|V|Q|T|D|C|N|W|
|W|M|I|P|H|C|Z|Q|I|W|U|I|N|J|A|C|
|Q|Z|O|T|I|H|Q|J|U|S|E|A|L|T|B|A|
|B|I|N|K|O|Y|H|L|Z|U|S|Z|C|C|L|J|
|M|T|S|F|N|O|S|U|Z|O|P|K|S|Z|E|E|
|F|B|H|Y|S|X|K|X|O|D|E|D|S|G|T|V|
|D|C|W|G|H|J|F|T|Y|J|I|L|Q|R|G|J|
|G|D|R|I|O|C|M|V|N|Z|U|A|Z|V|R|G|
|O|S|N|U|W|C|I|H|C|L|M|S|S|C|Z|B|

```
C M F N A F N J C T R E N D Y B
C F T Q Y I N Q T X N C E A H A
L Y D K T O K Y O B D T Z H O W
Q E L I T V G T E M U T S O C K
R B A C K D N Q Q A X E J L G O
B U N T N C B S X I D O W U T P
T N O V H P H H K G C V M P B D
B X P M G E G K S T N Z C N M M
I I V Q A Q R Q Q J Q P L C E N
O Z X D S L Y W W W U M G N V A
B Y Y R X D G Y E W V N V P W L
S I G N A T U R E A H I I K G I
J M V F P O N S N Y R A F Q O M
P C T O U C H C T J T J H W N W
R Q U E J R U V M O Y S H Q B Q
P A C X E X F C N Z W P F C R S
```

# Scissors skills Solutions

# Cut and paste the words

BAG

SHADES

PURSE

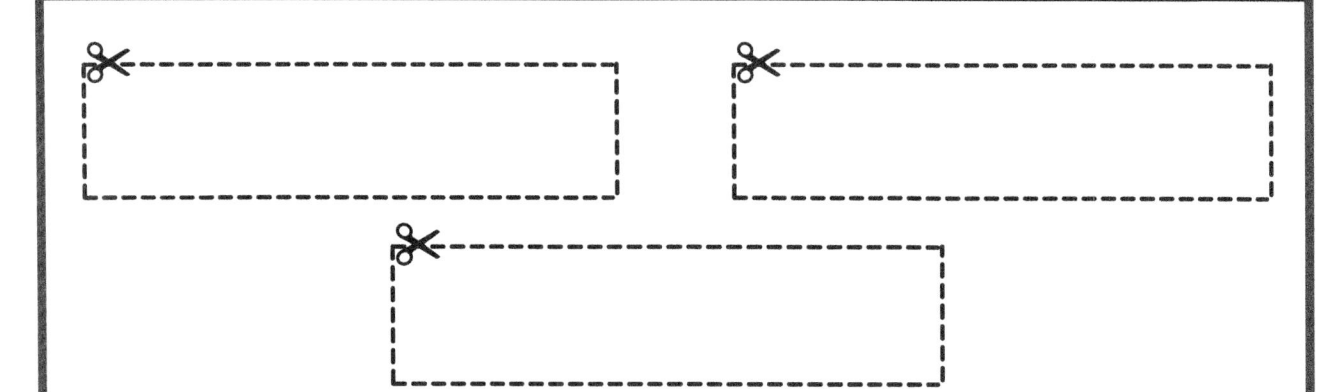

# Cut and paste the words

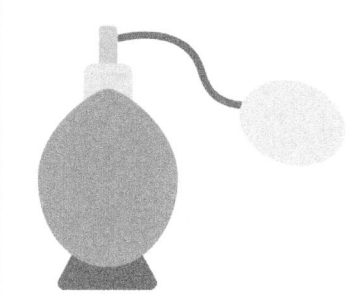

**PERFUME**

**RIBBON**

**HAT**

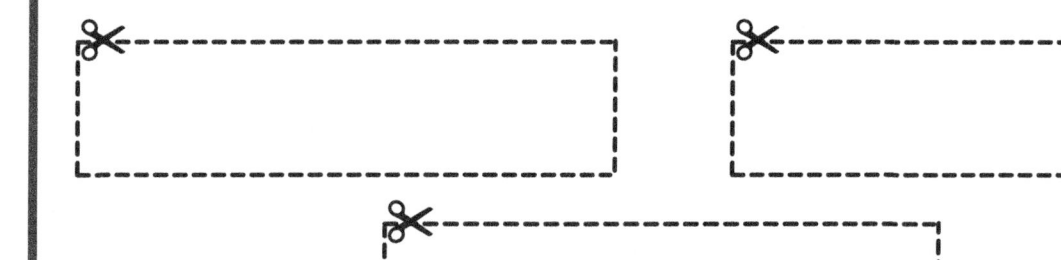

# Cut it, Solve it, then color the puzzle

# Cut it, Solve it, then color the puzzle

Printed in Great Britain
by Amazon